GU KOMPASS

Telse Wokersien

Smalltalk auf Englisch

- **Einfach ins Gespräch kommen**
- **Ohne große Vorkenntnisse**

Die Autorin

Telse Wokersien hat Sprachwissenschaft studiert und ist international als Autorin, Übersetzerin und Dozentin für Business Englisch, Englisches Kommunikationstraining und Deutsch als Fremdsprache tätig. Sie lebt zusammen mit ihrem Mann und ihrer Tochter im Westen Kanadas. Bei GU sind von ihr bisher folgende Titel erschienen: „Englische Redensarten", der Kompass „Business Englisch. Soforthilfe für Mail und Phone." sowie der Große Kompass „Business Englisch. Sicher sprechen und schreiben".

→ Check-in

Sie möchten auf Ihre Fragen kurze, prägnante und vor allem verlässliche Antworten erhalten. Dieser GU Kompass bietet Ihnen schnelle Hilfe in allen Situationen, die kein langes Zaudern und Zögern gestatten. Ob unterwegs in der Jackentasche oder immer griffbereit am Arbeitsplatz: Jeder Titel dieser Reihe informiert Sie übersichtlich, aktuell, kompetent und lösungsorientiert.

- Jeder Sachverhalt wird auf einer Doppelseite erklärt. Suchen Sie Ihre Fragestellung, Ihr Stichwort, Ihr Problem im Inhaltsverzeichnis, und steigen Sie einfach ein.
- Falls Sie unter großem Zeitdruck stehen und nur das Allernotwendigste nachschlagen möchten, halten Sie sich an das im Inhaltsverzeichnis optisch hervorgehobene "Last-Minute-Programm". Es zeigt Ihnen, worauf Sie keinesfalls verzichten sollten.
- Da dieses Buch ein Kommunikationstrainer ist, wurden Unterschiede im britischen (BE) und amerikanischen (AE) Englisch nur dort angegeben, wo es verschiedene Vokabeln gibt. Unterschiedliche Schreibweisen, die aber gleich ausgesprochen werden, wurden nicht berücksichtigt.

Übersichtlich gegliedert nach Themen und Anlässen finden Sie in diesem Kompass auf einen Blick alles, was Sie für gekonnten Smalltalk auf Englisch brauchen. Praxisnahe, sofort anwendbare Beispielsätze und Redewendungen ermöglichen auch ohne große Vorkenntnisse einen souveränen Konversationsstil. Ob auf einer Geschäftsreise oder Messe, einer Betriebsbesichtigung oder Party – Sie werden für jede Gesprächssituation bestens gewappnet sein.

Inhalt

→ **Last-Minute-Programm**

Die wichtigsten Punkte im Überblick!

Die farblich und durch Pfeile → gekennzeichneten Abschnitte bilden das Last-Minute-Programm. Halten Sie sich daran, wenn Sie sich auf das Notwendigste beschränken müssen.

Gekonnt ins Gespräch kommen

Die besten Smalltalk-Themen

Gewappnet für jede Gelegenheit

Service

1. Ein Gespräch beginnen

Selbst wenn man nicht schüchtern ist, fällt es oft schwer, jemanden anzusprechen. Und in einer Fremdsprache sowieso. Dabei ist es ganz einfach, trauen Sie sich!

Zufallsbegegnungen

Oh, Entschuldigung. Sind Sie verletzt? Es war keine Absicht, dass ich auf Ihren Fuß getreten bin/Sie angerempelt habe.
Oh, I'm sorry. Are you hurt? I didn't mean to tread on your foot/barge into you.

Oh, nein. Das war meine Schuld, alles in Ordnung.
Oh, no, my fault, I'm okay.

Tut mir Leid. Übrigens, mein Name ist Michael Fender.
I'm so sorry! By the way, my name is Michael Fender.

Entschuldigen Sie, aber ist das Ihr Mantel/Koffer/Portemonnaie?
Beg your pardon, madam, is this your coat/suitcase/wallet?

Das war ein interessanter Vortrag/interessantes Konzert, finden Sie nicht?
That was an interesting talk/concert, don't you think?

Wie hat Ihnen der Sprecher/die Vorstellung gefallen?
How did you like the speaker/performance?

Erinnern Sie sich an den Namen des Herrn/der Dame, der/die die Präsentation gegeben hat?
Do you remember the name of the gentleman/the lady who gave the presentation?

Wissen Sie vielleicht, wie spät es ist?
Do you have the time, by any chance?

Entschuldigung, können Sie mir für 5 Euro Kleingeld geben?
Excuse me, can you give me change for/change a 5 Euro note?

Hilfe suchen

Verzeihung, wissen Sie zufällig, wo der Fahrkartenautomat ist?
Excuse me, do you happen to know where the ticket machine is?

Entschuldigung, könnten Sie mir zeigen, wo …
I'm sorry, but could you show me …

Ich bitte vielmals um Verzeihung, ich suche das XYZ. Könnten Sie mir behilflich sein?
Please forgive me, I'm looking for the xyz. Could you help me?

Wissen Sie vielleicht, wo man einen Kaffee bekommen könnte?
Do you happen to know where I could get a cup of coffee?

Ich würde gerne mehr/einige Leute treffen, die im XYZ-Bereich arbeiten, da …
I'd like to meet more/some people in the xyz field because …

Ich bin auf der Suche nach jemandem mit Erfahrung in XYZ.
I'm looking for someone with experience in xyz.

Tipp

Die meisten Menschen sind froh, wenn sie angesprochen werden und nicht selbst die Initiative ergreifen müssen. Gute Gesprächsanfänge sind Fragen, allgemeine Bemerkungen oder wenn man sich ganz einfach ungezwungen vorstellt (Hi, I'm Sarah …).

2. Sich und andere vorstellen

Wenn man sich (und andere) vorstellt, ist die wichtigste Information der Name. Achten Sie darauf, dass er verstanden wird, und versehen Sie ihn mit einem "Anker", damit er hängen bleibt.

Sich vorstellen

Hallo, ich bin Peter, Peter Larsen.
Hi, I'm Peter, Peter Larsen.

Hallo, mein Name ist Katherine, mit K.
Hello, my name is Katherine, with a K.

Hi, ich bin Kelly. Ich arbeite für John Lansdale.
Hi, I'm Kelly. I work with John Lansdale.

Ich bin William. Bitte nennen Sie mich Bill.
I'm William. Please call me Bill.

Hallo Steve, schön Sie kennen zu lernen.
Hi Steve, pleased/nice to meet you.

Guten Tag.
How do you do?

Darf ich mich vorstellen, mein Name ist Holly Jensen.
Allow me to introduce myself, my name is Holly Jensen.

Tut mir Leid, ich habe mich noch nicht vorgestellt. Ich bin Emlyn – E-m-l-y-n. Und wie heißen Sie?
I'm sorry, I didn't introduce myself. My name is Emlyn – E-m-l-y-n. And your name is?

Es tut mir Leid, aber ich kann mir Namen einfach nicht merken, und Ihren habe ich schon wieder vergessen. Würden Sie ihn bitte noch einmal wiederholen?
I'm sorry, I'm terrible with names and I've already forgotten your name. Could you say it again?/Would you help me, please?

Wie war gleich Ihr Name?
What was your name again?

Wenn ich mich nicht irre, sind wir einander letzte Woche in Herrn Browns Büro vorgestellt worden.
If I'm not mistaken we were formally introduced/we met in Mr. Brown's office last week.

Andere bekannt machen

Chris, darf ich dir Jane Shaw vorstellen? Das ist Jane Shaw.
Chris, allow me to introduce Jane, Jane Shaw.

Don, Karl ist im Marketing. Karl, Don ist unser Systemadministrator.
Don, Karl is on the marketing staff. Karl, Don is our system administrator.

Herr Smith, kennen Sie schon Dan Brown? Dan, das ist Philip Smith, er arbeitet für das FSH.
Mr. Smith, I'd like you to meet Dan Brown. Dan, this is Philip Smith, he works for the FSH.

Tipp

- Die Floskel "How do you do?" ist keine echte Frage und die einzig richtige Reaktion darauf ist auch ein "How do you do?". Very British!
- Falls in Ihrem Namen der Buchstabe "z" vorkommt und Sie buchstabieren müssen: Im AE heißt er /zi:/ und im BE /zed/.

3. Fragen, die das Eis brechen

Eine Frage ist die einfachste Art, das Eis zu brechen und eine Unterhaltung anzufangen. Die meisten freuen sich, angesprochen zu werden. Ergreifen Sie die Initiative!

Auf einer Party

Woher kennen Sie Philip/den/die Gastgeber?
How do you know Philip/the host/s?

Kennen Sie irgendjemanden hier?
Do you know anybody here?

Wir sind einander nie vorgestellt worden. Ich bin Hazel.
We haven't been formally introduced. I'm Hazel.

Hatten Sie Schwierigkeiten, uns zu finden?
Did you have trouble finding us?

Kommen Sie herein, es ist kalt draußen.
Come on in, it's cold outside.

Wie geht's Ihrer Frau/Ihrem Mann?
How's your wife/husband doing?

Meine Frau sagte, Sie spielen gut Golf. Wir sollten irgendwann einmal zusammen spielen.
My wife told me you like to golf/are a golfer. We should have a game some time.

Geschäftlich unterwegs

Sind Sie geschäftlich hier?
Are you here on business?

Aus welchem Grund sind Sie hier?
Why are you here?

Wie ist das Wetter in Seattle? Genauso regnerisch?
How's the weather in Seattle? Just as wet?

Wie war Ihr Flug?
How was your flight?

Wann sind Sie angekommen?
When did you arrive?

Sind Sie mit dem Hotel zufrieden?
How's your hotel?

Würden Sie mir bitte helfen? Ich suche ...
Could you help me, please? I'm looking for ...

Haben Sie sich verlaufen? Brauchen Sie eine Wegbeschreibung zum Konferenzraum/zur Lobby/Kaffeebar?
You look kind of lost. Do you need directions to the conference room/lobby/coffee bar?

Tipp

- Wenn Sie mit einer anderen Person allein in einem Raum sind, ist es fast unerlässlich, dass man ein Gespräch anfängt, z. B. mit "I wonder where everybody is?" oder "Is it too hot/cold in here?"
- Als "falsche Freunde/false friends" gelten Wörter, die in zwei verschiedenen Sprachen ähnlich klingen, aber unterschiedliche Bedeutungen haben. Z. B. ist die englische "billion" keine deutsche "Billion", sondern die "Milliarde".

4. Konversation aufrechterhalten

Oft sind ein Kopfnicken oder "hm" ausreichend, um dem Gesprächspartner seine Aufmerksamkeit zu signalisieren. Welche anderen Möglichkeiten es gibt, finden Sie hier.

Zustimmung

Ah, schön!
Ah, nice!

Ich verstehe.
Oh, I see.

In der Tat.
Indeed.

Ganz genau.
Exactly.

Das ist richtig/Richtig.
That's true/True/Right.

Wie schön!
Good for you!

Don't/Do

Don't: Vermeiden Sie grobe und vulgäre Ausdrücke wie "Damn (it)! Oh, shit!" etc.
Do: "Oh, no! Too bad! How annoying! What a pity/shame!"/ "Oh, nein! So ein Pech! Wie ärgerlich! Wie schade!"

Überraschung

Unglaublich!
Unbelievable/Incredible!

Wer hätte das gedacht!
Who would have thought!

Wie merkwürdig/interessant.
That's weird/interesting.

Wie komisch!
How funny!

Oh, wirklich?
Oh, did you (really)?

Oh, mein Gott!
Oh my God!

Herrje!
Jesus/Jeez/Geez/Gee!

Ja, wirklich?
Is that right/so?

Was für ein schreckliches Erlebnis.
What an awful experience.

Du liebe Zeit!/Ach du meine Güte!
Good gracious!/My goodness!

Tipp

- "Uh-oh" (Aussprache a-oh; kurzes a, langes o) als Ausdruck von Anteilnahme/Bestürzung.
- "Oh, (my) gosh!" ist im AE eine euphemistische Umschreibung von "Oh (my) God!"

5. Zustimmen und bestärken

Jemanden in seiner Meinung zu bestärken kann als Einstieg für eigene Äußerungen benutzt werden. Stimmen Sie zu, und vertiefen Sie das Thema.

Sie haben absolut Recht mit ...
You're absolutely right with ...

Das ist wahr, und ich bin froh, dass Sie es erwähnt haben.
That is so true and I'm glad you mentioned it.

Ich stimme Ihnen (voll) zu, XYZ ist ...
I agree (entirely) with you, xyz is ...

Ich denke, Sie haben Recht. Ich habe Ähnliches mit ... erlebt ...
I believe you're right. I had a similar experience with ...

Ich hätte das nicht gedacht, aber wenn Sie es sagen.
I wouldn't believe it, but if you say so.

Das ist äußerst interessant./Sehr interessant.
That's most/very interesting./Sounds interesting.

Das ist vermutlich richtig.
That's probably right.

Ganz meine Meinung.
Exactly my point of view./That's my opinion, too.

Ich bin selbst auch Jazz-Fan! Was für ein Zufall.
I'm a jazz enthusiast myself! What a coincidence.

Ich teile Ihre/n Meinung/Standpunkt.
I share your opinion/point of view.

Meine Sichtweise ist ähnlich ...
My view is similar ...

Das ist ganz genau der Fall.
That exactly is the case./That is exactly right.

Genau das Gleiche ist mir auch passiert.
That's exactly what happened to me.

Dem kann ich nur zustimmen.
I quite agree. (BE)/I agree completely. (AE)

Ich stimme Ihrer Analyse des XYZ zu.
I agree with your analysis of the xyz.

Wir sind uns darin einig, dass wir beide XYZ für ... halten.
You and I are agreed on one thing – we both think xyz is ...

Das ist wahr.
That is certainly true.

Ich denke, Sie haben Recht mit ...
I think you're correct about ...

Ich bin völlig deiner Meinung.
I couldn't agree more.

Ja, Sie haben vermutlich Recht.
Yes, you're probably right.

Tipp

- Verwenden Sie manchmal statt eines einfachen "yes" ein "Very much so." im Sinne von "Ja, sehr".
- "just to give you an example" = "um nur ein Beispiel zu nennen"

6. Nachfragen und ein Thema vertiefen

Nachfragen, ein Thema vertiefen, Informationen erhalten – das ist, was eine Unterhaltung am Leben hält. Vermeiden Sie es jedoch, jemanden systematisch auszufragen oder übertrieben neugierig zu erscheinen.

Ein Thema vertiefen

Was fanden Sie an XYZ besonders interessant?
What did you find particularly interesting about xyz?

Ich hörte, wie Sie die FSH-Konferenz erwähnten. Ich interessiere mich speziell für ...
I heard you mentioning the FSH conference. I'm particularly interested in ...

Können Sie sich daran erinnern/entsinnen, wie ... ?
Can you recall/remember how ... ?

Gemäß meinen Informationen ... Was denken Sie?
According to my information ... What do you think?

Was hat Ihr Interesse entfacht?
How did you get interested?

Don't/Do

Don't: Wer genau hat Ihnen gesagt, dass ... ?
Who exactly told you that ... ?
Do: Das war sicher eine sehr interessante Unterhaltung mit – wem sagten Sie?
That must have been a very interesting conversation with – whom did you say ... ?

Wie haben Sie angefangen?
How did you get started?

Erzählen Sie mir bitte mehr über XYZ.
Tell me more about xyz, please.

Wozu würden Sie mir raten?
What do you advise me to do?

Was würden Sie machen, wenn Sie an meiner Stelle wären?
What would you do if you were in my place?

Würden Sie das bitte näher erklären/mehr Beispiele geben?
Could you explain this/give some more examples?

Ich würde gern Ihre Meinung dazu hören.
I would like to hear your opinion on the matter.

Informationen erhalten

Wo kann ich weitere/nähere Informationen über XYZ bekommen?
Where can I get further/more detailed information about xyz?

Halten Sie CKL für eine gute Informationsquelle für/über ...?
Do you think CKL is a good source for information on ...?

Halten Sie es für richtig, XYZ zu machen?
Do you think it's worth doing xyz?

Tipp

- Wiederholen Sie das Gesagte mit eigenen Worten oder formulieren Sie es zur Frage um, um den Faden weiterzuspinnen: "In other words ..." oder "Do you want to say that ... ?"
- Statt "if you were in my place" sagt man auch "... in my shoes".
- opinion on/about = Meinung zu/über etwas

7. Anknüpfersätze

An ein vorangegangenes Gespräch oder einen Satz anzuknüpfen ist eine gute Methode, Interesse zu signalisieren oder um konkretere Informationen zu erhalten.

An ein Gespräch anknüpfen

Als wir uns das letzte Mal unterhalten haben, haben Sie erwähnt, dass ...
Last time we talked you mentioned that ...

Erinnern Sie sich, was Sie mir das letzte Mal gesagt haben?
Do you remember what you told me the last time we were talking?

Ich kann mich nicht an Ihren Namen erinnern, aber ich weiß, dass wir eine lebhafte Diskussion über klassische Musik geführt haben.
I can't recall your name, but I know we had a lively discussion on/about classical music.

Don't/Do

Don't: Letzten Freitag konnten wir uns nicht einigen, wie mit dem Problem umzugehen sei. Haben Sie Ihre Meinung geändert?
Last Friday we couldn't agree on how to deal with the problem. Have you changed your mind?
Do: Wir haben uns letzten Freitag über das Problem XYZ unterhalten, und ich glaube, wir hatten unsere Diskussion nicht beendet ...
We talked about the xyz problem last Friday and I believe we haven't finished our discussion ...

Wenn ich mich richtig entsinne, unterschied sich Ihr Standpunkt sehr von meinem.
If I remember right your point of view differed a great deal from mine.

Ich knüpfe dort an, wo wir das letzte Mal aufgehört haben.
I'll pick up where we left off last time.

Einen Gedanken weiterführen

Ich würde gerne noch mehr über das XYZ wissen, das Sie gerade erwähnt haben.
I'd love to hear more about the xyz you just mentioned.

Da wir über XYZ sprechen – das erinnert mich an …
Talking about xyz – that reminds me of …

Haben Sie gerade … erwähnt?
Did you just mention …?

Interessant, dass Sie das sagen, da ich Sie gerade fragen wollte …
Interesting that you say that, because I wanted to ask you …

Tipp

- Statt "a great deal" kann man auch "a good deal" als informelle Variante von "(very) much" verwenden; "a good/great deal of" dagegen bedeutet "eine (ganze) Menge".
- Ein eleganter Satzanfang, mit dem Sie an eine frühere Begegnung oder ein zuvor besprochenes Thema anknüpfen können, ist "If I'm not mistaken you are/you said that …" ("Wenn ich mich nicht irre, sind Sie/sagten Sie, dass …").

8. Unterbrechen und widersprechen

Niemand wird gerne unterbrochen. Dies lässt sich aber manchmal nicht vermeiden, wenn der Gesprächspartner monologisiert oder Unrecht hat. Bleiben Sie immer höflich, aber widersprechen/unterbrechen Sie ruhig.

Es war sehr interessant, Ihre Meinung zu diesem Thema zu hören, aber ...
It's been very interesting to hear your opinion on this matter/business, but ...

Also, ich bin kein Experte, aber ich dachte immer ...
Well, I'm not an expert, but I thought ...

Ich bin mir nicht sicher, aber ...
I'm not quite sure, but ...

Von meinem Standpunkt sehen die Dinge ein bisschen anders aus ...
From my point of view things look differently ...

Nun, ich sehe die Sache ein bisschen anders.
Well, I see it a little differently.

Don't/Do

Don't: Sie haben Unrecht.
You're wrong.
Do: Was Sie sagen ist interessant, aber meine Meinung zu diesem Thema ist eine andere.
What you said is interesting but my opinion on this matter is a bit different.

Ich hatte immer gedacht ...
I always thought ...

Andererseits ...
On the other hand ...

Jetzt, wo Sie es erwähnt haben, würde ich eher sagen, dass ...
Now that you mention it, I would (rather) say that ...

Wenn Sie die Angelegenheit aus einem anderen Blickwinkel betrachten ...
If you see the matter from another angle ...
If you look at it from another angle ...

Sie können das behaupten, aber ich bin der festen Überzeugung, dass ...
You might say that but it's my firm belief that ...

Aus dem, was Sie gerade gesagt haben, wird deutlich, ...
From what you just said it becomes quite clear ...

Ich tendiere eher dahin, zu denken, ...
I (rather) tend to think ...

Was mich/diese Angelegenheit betrifft ...
As far as I'm/this matter is concerned ...

Ich denke, es ist fraglich, ob ...
I think it's debatable whether ...

Tipp

Jemandem ins Wort zu fallen ist "very rude". Eleganter ist es, eine kleine Atem- oder Kunstpause für sich zu nutzen und das Gespräch (wieder) in die Hand zu nehmen, in die gewünschte Richtung zu lenken oder das Thema zu wechseln, z. B. mit "As/Like I was saying".

9. Jemanden einladen

Eine Einladung auszusprechen ist meist nicht nur bloße Höflichkeit, sondern eine echte Sympathiebekundung. Nur keine Scheu!

Eine Einladung aussprechen

Haben Sie Lust, morgen Abend zu uns zum Essen zu kommen?
Would you like to come over for dinner tomorrow night?

Was machen Sie heute/morgen Abend/nächstes Wochenende?
What are you doing this/tomorrow evening/next weekend?

Möchten Sie mit uns Mittag essen?
Would you like to join us for lunch?

Haben Sie Lust, heute Abend zu uns zu kommen? Meine Frau/mein Mann würde sich sehr freuen.
Would you like to come to our place tonight? My wife/my husband would be delighted.

Sie müssen morgen früh zum Frühstück zu uns kommen. Einverstanden?
You must come to my house for breakfast tomorrow. Agreed?

Darf ich Sie und Ihren Partner/Ihre Frau/Kollegen zu … einladen?
May I invite you and your partner/wife/colleague/s to …

Ich möchte Sie und Ihre Frau gern zum Essen ausführen, sagen wir Freitagabend?
Allow me to invite you and your wife out for a meal, let's say – Friday night?

Segeln Sie gern? Ich würde Sie gern auf mein Segelboot einladen.
Do you like sailing? I'd like to invite you on to my sailing-boat.

Wir sollten uns einmal zum Golf verabreden.
We should have a game/play a round of golf sometimes.

Ich lade Sie ein./Das geht auf meine Rechnung.
This is on me./I'm paying for that.

Auf eine Einladung reagieren

Vielen Dank, ich komme sehr gerne.
Thank you very much, I'd love to come.

Danke für die Einladung. Und wann?
Thanks for the invitation. At what time?

Heute Abend habe ich leider keine Zeit. Ich bin schon verabredet.
I'm afraid I can't make it tonight. I have a previous engagement.

Ich würde gerne, aber ich muss heute Abend leider arbeiten.
I'd love to, but I have to work this evening.

Ich freue mich darauf, Sie/Ihre Familie zu treffen.
I'm looking forward to seeing you/meeting your family.

Ich freue mich schon.
I'll look forward to that.

Danke, das klingt interessant/vielversprechend.
Thank you, that sounds interesting/nice.

Tipp

- Die Wendung "looking forward to" erfordert anschließend die "ing"-Form des Verbes.
- Vorsicht bei Mitbringseln und Geschenken: In manchen Kulturkreisen werden sie erwartet, in anderen dagegen gelten sie als Fauxpas. Informieren Sie sich darüber z. B. an der Hotelrezeption.

10. Sich verabschieden

Oft findet man nicht die geeigneten Worte, um zu sagen, dass man gehen möchte. Wie Sie sich höflich verabschieden und für den netten Abend bedanken, erfahren Sie hier.

Sich als Gast verabschieden

Vielen Dank für den schönen Abend.
Thank you very much for the nice evening.

Danke für die Einladung.
Thank you for having inviting us/me.

Ich fürchte, ich muss jetzt gehen, aber ...
I'm afraid I have to leave/go now, but ...

Ich muss jetzt leider gehen.
I'm afraid I must be going now/I need to leave.

Schade, dass ich schon gehen muss.
Too bad/Unfortunately I have to go already.

Meine Herren, es ist schon spät, und morgen wartet viel Arbeit auf uns.
Gentlemen, it's late already and we have lots of work tomorrow.

Dies war ein sehr angenehmer Abend/eine sehr angenehme Konversation, aber ...
This has been a most pleasant evening/conversation, but ...

Wenn ich ein bisschen mehr Zeit hätte, würde ich gern mehr über Ihr Unternehmen hören, aber ...
If I had the time I'd like to hear more about your business, but ...

Es war ein wundervoller Abend/wundervolles Abendessen, aber leider kann ich nicht länger bleiben.
It's been a wonderful evening/dinner but I can't stay any longer.

Vielen herzlichen Dank für das fantastische Abendessen.
Thank you so much for the marvelous dinner.

Als Gastgeber reagieren

Schön, dass unser kleines Treffen/der Abend/das Essen Ihnen gefallen hat.
Glad you enjoyed our little get-together/the evening/dinner.

Wie schade, dass Sie schon gehen müssen.
What a pity you can't stay any longer.

Müssen Sie wirklich schon gehen?
Do you really have to go/leave already?

Sie können noch nicht gehen, Sie sind gerade erst gekommen!
You can't go now, you've just arrived!/just got here!

Wir hören sicherlich voneinander in den nächsten Tagen/Wochen.
I'm sure we'll be hearing from you/each other/we'll be touching base in the next few days/weeks.

Bis bald hoffentlich.
Hope to see you soon/hear from you soon.

Tipp

Wenn Sie Gastgeber sind und sich jemand bei Ihnen für den Abend bedankt, lautet die höfliche Standardantwort: "Glad you could come." oder "Come back again. It's been good talking to you."

11. Das Wetter

Das Wetter ist eines der beliebtesten Smalltalk-Themen. Jeder kann etwas dazu sagen – es eignet sich hervorragend als Gesprächseinstieg.

Sommer

Wie gefällt Ihnen der Sommer dieses Jahr?
How are you enjoying the summer?

Die Wettervorhersage kündigt mehr Sonne für morgen an.
The forecast calls for more sunshine tomorrow.

Ich kann mich nicht erinnern, dass es in den letzten Jahren so heiß war.
I don't remember it being so hot in years.

Es ist/Was für ein herrlicher/schrecklicher Tag!
It's/What a beautiful/terrible day!

Heute ist unangenehmes/fantastisches Wetter, nicht wahr?
This is nasty/gorgeous weather, isn't it?

Heute ist es ziemlich kühl/schwül.
It's rather chilly/muggy today.

Ich wollte etwas im Garten arbeiten, aber leider war es zu nass.
I was planning to do some gardening but unfortunately it was too wet.

Schauen Sie mal die Bäume – der Wind nimmt zu.
Look at the trees – the wind is picking up.

Es ist erst September – viel zu früh für einen solchen Sturm.
It's only September – too early for such a gale.

Winter

Schneeflocken erinnern mich immer an ...
Snowflakes always remind me of ...

Es ist bewölkt. Glauben Sie, dass es regnen wird?
The sky looks cloudy. Do you think it's going to rain?

Was für ein kalter, beißender Nordwind heute ist.
What a cold, biting north wind.

Ist es in London zu dieser Jahreszeit sehr regnerisch?
Do you get a lot of rain in London this time of year?

Bis jetzt hatten wir noch nicht viel Schnee diesen Winter.
We haven't had much snow this winter.

Die Straßen waren heute Morgen so vereist, dass ich nicht mit dem Auto fahren konnte.
The roads were so icy this morning, I couldn't take the car.

Der Wind war so stark, dass mir der Hut/die Mütze vom Kopf geweht wurde.
The wind was so strong, it blew my hat/cap off.

Ein so schöner Tag im Dezember lässt den Winter kürzer erscheinen.
Such a beautiful day in December makes the winter seem shorter.

Tipp

Egal wie banal Ihnen die Aussage über das Wetter erscheinen mag: intelligent genutzt, ist es der ideale Gesprächseinstieg. Das Wetter berührt viele Lebensbereiche, auf die man dann schnell zu sprechen kommt, so z. B. Hobbys, Garten, Sport oder Veranstaltungen im Freien.

12. Direkte Umgebung

Die direkte Umgebung, wie die Wohnung oder der Messestand, ist oft der kleinste gemeinsame Nenner zwischen zwei Gesprächspartnern. Hier können Sie thematisch gefahrlos in den Smalltalk einsteigen.

Privat

Ihr Haus ist sehr geschmackvoll/gemütlich eingerichtet.
Your house is very tastefully/comfortably furnished.

Was für eine riesige Sammlung antiker Vasen Sie haben.
What a huge collection of antique vases you have!

Haben Sie diese wundervollen Blumen mitgebracht?
Did you bring those beautiful flowers?

Mir gefällt das Dekor. Es ist sehr elegant.
I like the décor. It's very stylish.

Wer hat diese fantastischen Vorhänge/Stühle designt?
Who designed those marvellous curtains/chairs?

Don't/Do

Don't: Ist das ein echter Van Gogh? Der muss ein Vermögen wert sein.
Is this a genuine Van Gogh? It must be worth a fortune.
Do: Was für ein interessantes Gemälde. Einfach wunderschön.
What an interesting painting that is. Simply beautiful.

öffentlich

Was können Sie mir vom Bufett empfehlen?
What do you recommend at the buffet?

Kann ich Ihnen etwas von der Bar/vom Bufett mitbringen?
Can I get you anything from the bar/buffet?

Der Weihnachtsschmuck lässt den Raum sehr festlich wirken, nicht wahr?
Those Christmas decorations add a festive look to the room, don't they?

Die Akustik dieses Konzertsaals ist ausgezeichnet.
The acoustics of this concert hall are excellent.

Es ist ihnen gelungen, das Ambiente eines Pariser Cafés zu kreieren.
They've been successful in creating the ambience of a Parisian Café.

Hatten Sie Schwierigkeiten, hierher zu gelangen und unseren Stand zu finden?
Did you have any problems getting here and finding our booth/stand?

Es ist jedes Mal wieder ein Vergnügen, bei Ihnen am Stand vorbeizuschauen und XYZ zu diskutieren.
It's always a pleasure to stop at your booth and discuss xyz.

Tipp

- Sprechen Sie über das Offensichtliche: Ein Gipsarm bietet z. B. einen genauso guten Gesprächseinstieg wie das Bufett oder das Wetter: "What has happened to your arm?", "Why is your arm in plaster?"
- in a cast (AE), in plaster (BE) = in Gips

13. Reisen

Das Thema Reisen ist eine Fundgrube für witzige Erlebnisse oder nützliche Tipps. Aus dem Smalltalk kann sich schnell eine angeregte Unterhaltung entwickeln.

Meine idealen Ferien sehen ganz einfach aus: Sonne, Meer und ein kühler Drink.
My ideal holiday is simple: sun, sea and a cool drink.

Gewöhnlich fahre ich auf die Kanarischen Inseln. Aber letzten Sommer ...
I usually go to one of the Canary Islands. But last summer ...

Waren Sie schon einmal in Edinburgh?
Have you ever been to Edinburgh?

Oh, ja, Edinburgh ist eine bezaubernde Stadt. Sie gefällt mir besonders im Frühling ...
Oh, yes, Edinburgh is a very charming city. I love the city in the spring ...

Meine Frau und ich mieten normalerweise ein Wohnmobil/Auto und reisen herum.
My wife and I usually hire a motor home/car and travel around.

Don't/Do

Don't: Wir verreisen oft und weit.
We travel often and far.
Do: Mein Mann und ich sehen gern neue und exotische Orte.
My husband and I love to see new and exotic places.

Und Sie, wandern/schwimmen/reisen Sie auch gern?
And what about yourself? Do you like hiking/swimming/travelling, too?

Ich bevorzuge nicht ganz so aktive Ferien. Ich spanne gern in der Sonne aus.
I prefer a not so active/less active vacation (AE)/holiday (BE) myself. I love to relax in the sun.

Mallorca war diesen Frühling nicht sehr überlaufen; wir haben ein Apartment gemietet, was uns sehr gefallen hat.
Majorca wasn't very busy this spring; we rented an apartment (AE)/flat (BE) and just loved it.

Wir hatten ein sehr schönes Hotel mit allem Komfort, sogar mit kleiner Küche und direkt im Stadtzentrum.
We had a very nice hotel with all the amenities, even a kitchenette and it was close to the city centre.

Wir haben unsere Flugscheine online gekauft und sie am Flughafen abgeholt.
We bought our airline tickets online and picked them up at the airport.

Ich würde gerne eine Kreuzfahrt um die Welt machen. Stellen Sie sich vor: interessante Orte und neue Menschen.
I'd love to go on a round-the-world cruise. Imagine: interesting places and new people.

Tipp

- to rent (AE), to hire (BE) = mieten
- Das deutsche Wort "Reise" hat im Englischen mehrere Entsprechungen: cruise (Kreuzfahrt), flight (Flugreise), journey (kurze Fahrt), trip (Trip), outing (Ausflug), voyage (Seereise). Die Amerika-/Romreise ist "a journey/trip to America/Rome".

14. Sport

Viele Leute treiben gern Sport in ihrer Freizeit. Gemeinsame Begeisterung für eine Sportart oder Mannschaft verbindet und schafft Vertrauen.

Ich sehe gerne dieses Nationalteam spielen – sie spielen mit dem Ball im wahrsten Sinne des Wortes.
I love to see this national team play – they play with the ball in the truest sense of the word.

Ich habe die Live-Übertragung des Endspiels im XYZ Cup gesehen – Junge, was für ein Spiel!
I saw the live coverage of the XYZ Cup Final – boy, what a match!

Mein Mann bekommt nicht viel Bewegung im Büro, deshalb spielen wir zum Ausgleich ein oder zwei Mal die Woche Tennis.
My husband doesn't get much exercise at the office so we play tennis once or twice a week to compensate.

Don't/Do

Don't: Ich bin sehr sportlich. Letzte Woche habe ich die XYZ-Meisterschaften gewonnen.
I'm very good at sports, I won the XYZ Championship last week.
Do: Ich bemühe mich, sportlich aktiv zu sein, und nehme manchmal auch an Wettkämpfen teil.
I try to be an active sports/wo/man and sometimes take part in competitions.

Ich treibe selbst nicht so gerne Sport, aber ich schaue es mir gern im Fernsehen an.
I'm not very fond of playing sports. I love to watch them on TV, though.

Welche Sportarten gefallen Ihnen am besten?
Which sports do you like best?

Als Kind war eins meiner großen Sportidole T. C. Clark.
When I was a child one of my sporting heroes was T. C. Clark.

Ich habe gelesen, dass die beliebtesten Sportarten Fußball, Schwimmen, Radfahren und Joggen sind.
I read that the most popular sports are football, swimming, cycling, and jogging.

Ich fürchte, ich bin nicht sehr sportlich.
I'm afraid I'm not very sporty/athletic.

Peter treibt viel Sport, am liebsten Teamsport.
Peter plays a lot of sports: preferably team sports.

Tipp

- Der Unterschied zwischen "a game of tennis/football" und "tennis/football match": Letzteres findet vor Publikum statt.
- soccer (AE), football (BE) = Fußball
  Der Begriff "American football" bezeichnet ein dem britischen Rugby ähnliches Spiel, und mit den Unterschieden zwischen beiden Ballspielen können Sie Amerikaner und Briten in lebhafte Diskussionen verwickeln.
- Sportarten mit Nationalcharakter: Baseball (USA), Eishockey (Kanada), Tennis/Golf (Großbritannien), Rugby/Cricket (Neuseeland/Ozeanien).

15. Literatur

Lesen ist ein weit verbreitetes Hobby. Die Geschmäcker sind verschieden, das macht das Gespräch interessant, und oft erhält man gute Buchtipps.

Dieses Buch war ziemlich lange auf der Bestsellerliste.
This book was on the bestseller list for quite some time.

Ich kenne nur dieses Buch von P. W. H. Kennen Sie noch andere seiner/ihrer Werke?
I only know this book by P. W. H. Do you know any of his/her other works?

Ich habe zuerst die Filmversion gesehen und war sehr erstaunt über die riesigen Unterschiede.
I saw the film version first and was rather astonished at the huge differences.

Ein Nachteil von Übersetzungen ist, dass unübersetzbare Wortspiele meist verloren gehen.
One disadvantage of translations is that untranslatable word games/puns are often left out.

Don't/Do

Don't: Die Fortsetzung des Romans ist ziemlich langweilig.
The sequel to that novel is rather boring.
Do: Mir gefiel der erste Band besser – geistreiche Handlung und witzig geschrieben.
I liked the first volume better – clever plots and humorous writing.

Sie ist berühmt für ihre wunderbaren, anschaulichen Bücher, die in den Zwanzigerjahren in Südfrankreich spielen.
She is famous for her wonderful, descriptive books of southern France in the late 1920s.

Auf der Webseite XYZ findet man Rezensionen von Kinderbüchern.
Reviews of children's books can be found on the website xyz.

Bücher übers Internet zu kaufen ist einfach und schnell, aber nichts kommt dem Stöbern in einer gut sortierten Buchhandlung gleich.
Buying books on the internet is very easy and effective but nothing compares to digging around in a good bookshop.

Einige seiner Romane sind als Audio-CD/in Großdruck erhältlich, was praktisch beim Autofahren/Reisen/für ältere Menschen ist.
Some of his novels are available on audio CD/in large print which is convenient while driving/travelling/for older people.

Dieses Buch ist ein tolles Geschenk. Ich habe es meiner Schwester letztes Jahr zu Weihnachten geschenkt, und sie war begeistert.
This book makes a wonderful present. I gave it to my sister last Christmas and she was thrilled.

Es mag keine großartige Literatur sein, aber ich habe ganz sicher Spaß beim Lesen gehabt.
It may not be great literature but I certainly enjoyed reading the book.

Tipp

- kids' books (AE), children's books (BE)
- bookstore (AE), bookshop (BE)
- "spare time" oder "leisure time" = Freizeit

16. Film und Kino

Filme, die man im Fernsehen, Kino oder auf Video/DVD gesehen hat, sind ein kurzweiliges Thema, ebenso wie (Lieblings-)Schauspieler oder Filmmusik.

Wer ist Ihr/e Lieblingsschauspieler/in?
Who is your favourite actor/actress?

Welche Art Filme gefallen Ihnen?
What kind of movies (AE)/films (BE) do you like?

Ich bewundere Katharine Hepburn! Ich halte sie für eine absolut einzigartige, brillante, außergewöhnlich talentierte und wunderbare Schauspielerin!
I just adore Katharine Hepburn! I think she was a totally unique, brilliant, immensely talented and wonderful actress!

Der Film erzählt die Geschichte von ...
This film tells the story of ...

Ich glaube, Regisseur zu sein, ist ein anstrengender Job: Man muss die Schauspieler, das Kamerateam und anderes Personal beaufsichtigen und anweisen.
I guess being a director is quite a job: supervising and instructing actors, camera crew and other staff.

Ich glaube, sie ist als Beste (Neben-)Darstellerin nominiert worden.
I think she has been nominated for Best (Supporting) Actress.

Ich habe das Gerücht gehört, dass die Fortsetzung nächstes Jahr herauskommen soll.
I heard the rumor that a sequel will be released next year.

Gibt es die Filmmusik schon als CD?
Is the film music available as a soundtrack already?

Haben Sie den neuen Bond-Film schon gesehen?
Have you seen the new "Bond" film?

Mir gefallen Komödien besser als Tragödien oder Liebesgeschichten.
I prefer comedies to tragedies or romances.

Der Film ist als Video und DVD erhältlich.
You can get the film on video and DVD.

Der Film hält sich nicht eng an die literarische Vorlage. Ich war ziemlich verwirrt.
The film didn't follow the book very closely. I was rather confused.

Wie heißt Ihr Lieblingsfilm?
What's your favourite film/movie?

Mein absoluter Lieblingsfilm ist "XYZ" von R. Hunter.
My favourite film ever is "XYZ" by R. Hunter.

XYZ ist ein hervorragendes Beispiel dafür, wie wichtig Musik für einen Film sein kann.
XYZ is a superb example of what music can do for a film.

Meine Frau geht oft ins Kino. Sie ist begeisterte Kinogängerin.
My wife often goes to the cinema (BE)/movies (AE). She's a fanatic movie-goer (AE)/cinema-goer (BE).

Tipp

- Statt "film" wird auch das umgangssprachlichere "movie" verwendet, im Amerikanischen fast ausschließlich.
- cinema/movie house = Kino

17. Ausstellungen und Events

Ausstellungen sind nicht jedermanns Sache. Falls Ihr Gegenüber dazu gehört, finden Sie heraus, welches kulturelle oder soziale Event ihn stattdessen interessiert.

Ausstellungen

Haben Sie die Chagall-Ausstellung in Paris gesehen?
Have you seen the Chagall exhibition in Paris?

In dieser Ausstellung sind nur Gemälde aus privaten Sammlungen zu sehen.
This exhibition displays only paintings from private collections.

Die Exponate sind im Deutschen Museum in ständiger Ausstellung.
Those exhibits are on permanent display in the Deutsche Museum.

Ich habe die Ausstellung auch besucht. Die Gemälde waren fantastisch. Leider habe ich mir keinen Ausstellungskatalog gekauft. Könnten Sie mir den genauen Titel sagen, sodass ich einen bestellen kann?
I saw that exhibition, too. The paintings were so great. Unfortunately, I didn't buy a catalogue. Could you give me/can you tell me the exact title so I can order it?

Events

Das 300-jährige Jubiläum der Gründung der XYZ-Gesellschaft war eines der wichtigsten Ereignisse 2002.
The 300th anniversary of the founding of the XYZ-Society was one of the main events of 2002.

Wissen Sie, wo die nächsten Olympischen Winterspiele stattfinden?
Do you know where the next Winter Olympics will be held?

Dieses Weingut ist für den Publikumsverkehr geöffnet und bietet Weinproben an.
This vineyard is open to the public and offers wine tastings.

Don't/Do

Don't: Ich werde zu allen wichtigen Ereignissen eingeladen.
I'm invited to all major social events.
Do: Ich gehe gerne aus, besonders zu großen Veranstaltungen.
I really like to go out, especially to big events.

Ich glaube, die Love Parade ist zu einem der wichtigsten jährlichen Events für junge Leute geworden.
I guess the Love Parade has become one of the major annual events for young people.

Die Kieler Woche ist weltweit die größte Segelveranstaltung, aber das Programm beinhaltet auch kulturelle Veranstaltungen.
Kiel Week is the world's greatest sailing event but the programme includes cultural events as well.

Tipp

Falls Sie unsicher sind, welches Event im jeweiligen Land wichtig ist, fragen Sie einfach danach: "What would you say is an important cultural/social/ sporting event in your country?" ("Was ist bei Ihnen eine wichtige kulturelle/soziale/Sport-/Veranstaltung?").

18. Mode

Wenn Sie nicht sicher sind, ob dieses Thema für Ihren Gesprächspartner interessant ist, tasten Sie sich heran, machen Sie ein Kompliment über ein Accessoire oder Schmuckstück.

Ich bewundere Ihre Schuhe schon eine ganze Weile. Sie sehen toll aus.
I've admired your shoes for some time now. They are gorgeous.

Was für einen schönen Ring Sie haben!
What a beautiful ring you have!

XYZ ist mein Lieblingsdesigner – seine Stücke sind einfach, elegant und bequem.
XYZ is my favourite designer – his clothes are simple, elegant and comfortable.

Don't/Do

Don't: Ihre Kette sieht sehr alt und teuer aus. Wo haben Sie sie gekauft?
Your necklace looks very old and pricey. Where did you buy it?
Do: Ihre Kette ist sehr schön und sieht alt aus. Ist sie ein Familienerbstück?
Your necklace is very beautiful and looks rather old. Is it a family heirloom?
Don't: Ich kaufe nur Designerkleidung.
I buy designer clothes only.
Do: Kleidung von guter Qualität ist manchmal schwierig zu finden.
Clothes of good quality are sometimes hard to find.

Italienische Designer sind bekannt für ihre klaren Linien.
Italian designers are known for their clean lines.

Sie haben eine neue Bademodenlinie und einen neuen Damenduft herausgebracht.
They launched a new swimwear line and a new women's perfume.

Jeans kommen wahrscheinlich nie aus der Mode.
Jeans never go out of fashion/style I guess.

XYZ sind wieder in Mode und ich finde sie klasse.
XYZ have come into fashion again, and I simply love them.

XYZ ist ein Hersteller hochwertiger Outdoor-Bekleidung.
XYZ is a manufacturer of fine outdoor clothing.

Ihr Seidentuch passt so toll zu Ihrer olivgrünen Jacke.
Your silk scarf goes so nicely with your olive green jacket.

Wenn ich ein Tuch kaufen möchte, schaue ich zuerst nach einem Muster/Design, das mir gefällt, dann suche ich nach einer Farbe, die meinen Teint unterstreicht und zu meiner übrigen Garderobe passt.
When choosing which scarf to buy, I look for a design that I like, then look for it in colours that compliment my complexion as well as coordinate with my wardrobe.

Tipp

Komplimente über Schmuck und andere Accessoires werden meist erfreut angenommen: bangle (Armreif), belt (Gürtel), bracelet (Armband), brooch (Brosche), earrings (Ohrringe), purse AE/handbag BE (Handtasche), silk scarf (Seidentuch/-schal), watch (Armbanduhr).

19. Hobbys

Viele Menschen investieren jede Menge Zeit, Energie und Geld in ihr Hobby. Und am Hobby kann man oft erkennen, mit wem man es zu tun hat. Merken Sie sich die Hobbys von Geschäftspartnern auch, um bei Gelegenheit persönliche Briefe schreiben oder passende Aufmerksamkeiten schenken zu können.

Was machen Sie gern in Ihrer Freizeit?
What are your favourite leisure activities?

Wie lange interessieren Sie sich schon fürs Jagen/Fischen/Reiten?
How long have you been interested in hunting/fishing/horseback riding?

Wie lange segeln Sie schon? – Seit meiner Kindheit.
How long have you been sailing? – Since I was a child.

Ich gehe auch oft Kajak fahren/klettern/Ski fahren. Letztes Jahr Weihnachten/Letzten Sommer ...
I do a lot of kayaking/climbing/skiing, too. Last Christmas/summer ...

Ich kann nicht gut kochen, aber mein Mann kocht gern und interessiert sich für Kochbücher.
I'm an awful cook, but my husband loves cooking and cookbooks.

Mein Hobby ist Briefmarkensammeln/Klavierspielen/Schwimmen.
My hobby is collecting stamps/playing the piano/swimming.

Ich sammle Streichholzschachteln/Teddybären als Hobby.
I collect matchboxes/teddy bears as a hobby.

Meine Frau ist von Astronomie fasziniert und ist ein aktives Mitglied im Astronomieclub.
My wife is fascinated by astronomy and is an active member of the Astronomy Club.

Ihr Mann ist begeisterter Heimwerker/Eisenbahnfan.
Her husband is a DIY/railway enthusiast.

Ich habe schon immer gern fotografiert, da Fotos für mich Erinnerungen an eine interessante Reise wachrufen. Deshalb bin ich selten ohne Kamera.
I've always loved taking pictures for bringing back memories of an interesting trip; so I'm rarely without a camera.

Leider kann ich nicht gut handarbeiten, ich bin zu ungeduldig.
Unfortunately I'm not very good at needlework. I'm not patient enough.

Ich lerne Segelfliegen/Fallschirmspringen. Um ehrlich zu sein, hatte ich zuerst auch ein bisschen Angst, aber ...
I'm learning to fly a glider/to parachute. To be honest, at first I was afraid, but ...

Mein Mann und ich sind fanatische Tänzer. Wir haben noch andere Hobbys, aber Tanzen ist unser gemeinsames Interesse.
My husband and I are fanatic dancers. We have several other hobbies, but dancing is our common interest.

Tipp

- DIY (/di:/ /ai/ /wai/ gesprochen) ist die Abkürzung für "do-it-yourself" (Heimwerker).
- Falls Sie sich langsam an das Thema Hobby heranpirschen möchten, stellen Sie die unverfängliche Frage: "Do you have a hobby?", "What is your hobby?"

20. Essen und Trinken

Essen und Trinken ist ein interessantes Thema, bei dem man mitunter im Laufe eines Gesprächs ein leckeres Rezept oder eine Einladung zum Dinner erhält.

Der Geruch von XYZ erinnert mich immer an .../bringt Kindheitserinnerungen zurück.
The smell of xyz always reminds me of .../brings back childhood memories.

Welches ist das beste Muffin-/Chocolate-Chip-Cookies-/Brownie-Rezept?
What is the best recipe for muffins/chocolate chip cookies/brownies?

Was sind die wichtigsten Zutaten für Curry-Paste?
What are the essential ingredients for curry paste?

Don't/Do

Don't: Wie können Sie nur Austern essen? Die sehen so unappetitlich aus.
How can you eat those oysters? They look so disgusting.
Do: Ich bin sehr eigen, wenn es um Schalentiere geht, besonders Austern. Ich fürchte stets eine Lebensmittelvergiftung. Ich weiß, dass das kindisch ist, aber ich kann nichts dagegen tun.
I'm paranoid when it comes to shellfish, especially oysters. I'm afraid of food poisoning. I know it's stupid, but I can't help it.

Mein Schwager ist Japaner, und er hat uns gezeigt, wie man Sushi zubereitet – das macht richtig Spaß! Haben Sie es schon mal ausprobiert?
My brother-in-law is Japanese and he taught us how to prepare sushi rolls – it's such fun! Have you ever tried it?

Was ich an Scotch/Bourbon/Irischem Whisky mag, ist ...
What I like about Scotch/Bourbon/Irish whisky is ...

Es gibt bestimmt tausend Arten, Risotto/Tomatensauce zuzubereiten, aber diese/s hier ist hervorragend.
I guess there are a thousand ways to prepare risotto/tomato sauce but this is excellent/superb.

Wie streng vegetarisch ernähren Sie sich? Essen Sie Eier und/oder Fisch?
How strict a vegetarian are you? Do you eat eggs and/or fish?

Wie lange sind Sie schon Vegetarier?
How long have you been a vegetarian?

Ich liebe Pilze: gegrillt, gebraten, gefüllt – egal wie sie zubereitet sind.
I love mushrooms: grilled, fried, stuffed – there's no wrong way to prepare them.

Tipp

- Winterfeierlichkeiten oder religiöse Feste sind in vielen Ländern Anlass für traditionelle Gerichte, die Kultur und Sitten widerspiegeln. Fragen Sie ruhig danach: "What kind of culinary tradition do you have in your country for major religious holidays?"
- Statt "Chinese cooking" kann man die chinesische Küche auch "Chinese cuisine" oder "the cuisine of China" nennen.

21. Kinder

Falls Ihr Gegenüber Kinder hat, sollten Sie dieses Thema nicht auslassen, denn die meisten reden gern über ihren Nachwuchs. Ein fast unerschöpfliches Thema!

Haben Sie Kinder/Familie?
Do you have children/family?

Wie alt sind Ihre Kinder?
How old are your children?

Wie hieß der Autor des Kinderbuches, das Sie gerade erwähnt haben?
Who was the author of the children's book you just mentioned?

Meine Schwester ist verheiratet, hat drei Kinder und ...
My sister is married with three children and ...

Jim hat mir erzählt, dass ihr euer erstes Kind erwartet – das sind wunderbare Neuigkeiten! Herzlichen Glückwunsch!
Jim told me you were expecting your first child – that's wonderful news! Congratulations!

Don't/Do

Don't: Meine Tochter ist so intelligent, dass sie Klassenbeste ist.
My daughter is so smart: she's the top pupil in her class.
Do: Sie ist ziemlich gut in Mathematik. Chemie und Physik sind ihre Lieblingsfächer.
She's quite good at maths (BE)/math (AE). Chemistry and physics are her favourite subjects.

Werden Ihre Kinder die Firma übernehmen, wenn Sie sich zur Ruhe setzen?
Are your children taking over the business when you retire?

Wie geht es Ihrer Frau und den Kindern?
How are your wife and children/kids?

Wohin fahren die Frischvermählten auf Hochzeitsreise?
Where are the newly-weds going for their honeymoon?

Als Ausgleich zu all den Stunden vor dem Fernseher und Computer ist es für Kinder sehr wichtig, in der Natur zu sein.
It's very important for children to be in the outdoors to compensate for all those hours spent in front of the TV and computer.

Was machen Ihre Kinder in den Schulferien?
What do your children do during their school holidays?

Was ist sein/ihr Lieblingsfach?
What is his/her favourite subject?

Letztes Jahr war mein Sohn im Sommerferienlager und will dieses Jahr unbedingt wieder dahin.
My son went to a summer camp last year and is determined to go again this year.

Tipp

- Falls Sie beim Thema Kinder nicht mitreden können oder wollen, geben Sie dem Gespräch eine andere Richtung mit: "That reminds me of ..."
- AE: elementary/primary school (6–11 Jahre), junior/senior high school (12–17 Jahre)
- BE: primary school (5–10 Jahre), secondary school (11–16 Jahre)
- public school = öffentliche Schule (AE), Privatschule (BE)

22. Garten

Wenn Sie über den Garten sprechen, bieten sich als verwandte Themen z. B. Wetter, Landwirtschaft, Gartenstädte oder auch berühmte Parks an.

Was für einen schönen Garten Sie haben!
What a beautiful garden you have.

Kümmern Sie sich selbst um den Garten?/Arbeiten Sie gern im Garten?
Do you do the gardening yourself?/Do you like gardening?

Wie heißt der Busch dort hinten mit den wunderschönen roten Blüten?
What's the name of that bush over there with the beautiful red blossoms?

Fliederduft bringt wundervolle Kindheitserinnerungen zurück.
The scent of lilac brings back wonderful childhood memories.

Ich mag Schneeglöckchen sehr gern, meine Eltern hatten Dutzende in ihrem Garten.
I love snowdrops: my parents grew dozens of them in their backyard.

Don't/Do

Don't: Gartenarbeit ist für mich die langweiligste Beschäftigung, die ich mir vorstellen kann.
Gardening is the most boring occupation I can imagine.
Do: Ich fürchte, ich habe keinen grünen Daumen.
I'm afraid I don't have green fingers.

Ein Garten ist wie ein Zimmer mehr im Sommer.
Having a garden is like having one more room in the summer.

Mein Mann arbeitet gerne im Garten. Es ist für ihn wie Sport, sagt er.
My husband loves gardening. It's like a sport, he says.

Ich ziehe meine eigenen Tomaten und ihr Geschmack und ihre Frische sind einfach unvergleichlich.
I grow my own tomatoes and nothing compares to their taste and freshness.

Ökologisch verträgliches Gärtnern ist in Mode gekommen. Das Ziel vieler Hobbygärtner ist ein prächtiger und gesunder Garten in Harmonie mit der Natur, wo auch Vögel und Insekten ein Zuhause finden.
Organic gardening has become fashionable. Growing beautiful, healthy gardens in harmony with nature where birds and insects can make a new home is a major objective of many gardeners.

Hilfreiche Bücher zum Thema Garten kann man in jeder guten Buchhandlung finden. Meist gibt es eine gute Auswahl an Büchern über Gemüse, mehrjährige Pflanzen und Vögel.
Helpful gardening books can be found in every good bookshop/book store (AE). They usually carry a large variety like books on vegetables, perennials and birds.

Tipp

- organic = biologisch angebaut, biodynamisch
- Wenn Sie keinen Garten haben, über den Sie reden können, sagen Sie dies einfach: "Unfortunately I don't have a garden, I'd love to have one ..." ("Leider habe ich keinen Garten, ich hätte gern einen ..."). Sie können auch auf Ihre Gärtnerversuche auf dem Balkon (balcony) eingehen.

23. Haustiere

Haustiere sind beliebt und die meisten Besitzer erzählen gern von ihrem vierbeinigen Hausgenossen. Ein ergiebiges Thema, das aber auch leicht zum Streitpunkt werden kann.

Wie halten Sie Ihr Haustier gesund?
How do you keep your pet healthy?

Kann Ihr Haustier irgendwelche Kunststücke?
Can your pet do any tricks?

Meine Schwester hat ihre Katze aus dem örtlichen Tierheim.
My sister adopted a cat from her local animal shelter (AE)/ animal home (BE).

Don't/Do

Don't: Einen Hund in einem kleinen Apartment in einer großen Stadt zu halten ist für mich Tierquälerei.
I regard keeping a dog in a small apartment in a big city as cruel.
Do: Wenn ich auf dem Land leben würde, hätte ich vielleicht auch einen Hund.
If I lived in the country I might have a dog, too.
Don't: Ich bin kein Hundeliebhaber, sie riechen, wenn sie nass sind.
I'm not a dog lover: they're so smelly when wet.
Do: Ich mag Hunde, aber die Haltung ist sehr aufwändig: Sie brauchen viel Pflege und Auslauf.
I like dogs, but being a dog owner is quite intensive: they need a lot of care and exercise.

Meine Großmutter besitzt viele Haustiere, unter anderem zwei Kaninchen.
My grandmother has many pets, including two rabbits.

Sie mag Katzen so gerne, aber leider ist sie allergisch gegen sie.
She is so fond of cats but unfortunately she is allergic to them.

Ihr Hund war extrem eifersüchtig auf das Neugeborene.
Their dog was extremely jealous of the new baby.

Als Pferdeliebhaberin, besonders von Rennpferden, beneide ich Sie ganz gewiss um Ihren Job!
Being the life long horse lover that I am – especially race-horses – I certainly envy you your job!

Ich habe mir ein neues Aquarium für meine tropischen Süßwasserfische gebaut. Jetzt weiß ich genau, wie man es nicht machen sollte. Wenn Sie einen Rat brauchen ...
I built a new home aquarium for my freshwater tropicals. I now know exactly how not to do it. If you need any advice ...

Vögel sind wunderbare Haustiere – gutmütig, bei einem Minimum an Pflege. Einige Vögel brauchen allerdings viel Zuspruch.
Birds are wonderful pets – friendly and only a minimum of care. Some birds require a lot of interaction, though.

Tipp

- Wenn man über ein Tier spricht, verwendet man entweder "she" oder "he", je nachdem.
- Achtung: "pet" wird auch als Verb verwendet (to pet = streicheln).

24. Autos

Fast jeder hat ein Auto, hatte schon mal eins oder ist zumindest mal in einem (mit-)gefahren. Ob Zweisitzer, Traumauto oder Familienkutsche: Über dieses Thema gibt es viel zu erzählen.

Mein erstes Auto war ein VW Käfer, den ich sehr geliebt habe. Ich erinnere mich an ein Mal ...
My first car was a VW beetle – I loved it. I remember one time ...

Ich kaufe keine/nur Gebrauchtwagen, weil ...
I never/always buy used cars because ...

Ich bevorzuge deutsche/englische/japanische Autos, weil ...
I prefer German/English/Japanese cars because ...

Gestern habe ich einen nagelneuen, dunkelgrünen Jaguar gesehen, mit Ledersitzen, getönten Scheiben – ein Traum von einem Auto.
Yesterday I saw a brand new dark green Jaguar; leather seats, tinted glass – it really was a dream of a car.

Was ist Ihr Lieblings-/Traumauto?
What is your favourite/dream car?

Ich habe draußen Ihren neuen XYZ gesehen. Sind Sie immer noch so begeistert von ihm?
I saw your new XYZ outside. Are you still enthusiastic about it?

Welches Auto fahren Sie?
What kind of car do you have?

Ich habe einen Dinosaurier – einen uralten Mercedes.
I have a dinosaur – a very old Mercedes.

Heutzutage kann man kein Auto ohne Kreditkarte mieten – Kreditkarten sind zu einer wichtigen Identifikationsmöglichkeit geworden.
Today you can't rent a car without a credit card – credit cards have become a major source of identification.

An einem sonnigen Nachmittag machen wir mit unserem Kabrio gern eine Spritztour.
We love to go for a ride in our convertible on a sunny afternoon.

Wir haben unser Auto verkauft und uns stattdessen zwei Motorräder gekauft. Aber manchmal, wenn es regnet, bereue ich es.
We sold our car for two motorbikes. But sometimes on rainy days I wish we hadn't.

Für mich ist ein Auto ein Gebrauchsgegenstand: Die Farbe ist mir egal, es muss nur sparsam und sicher sein.
For me a car is an item of practical use: I don't care about the colour, it has to be economical and safe.

Wir haben unser Mietauto online gebucht. Es war ganz einfach und wir haben sogar noch gespart, weil es spezielle Tarife für Online-Kunden gibt. Wir haben die Schlüssel am Flughafenterminal abgeholt ...
We booked our rental car online. It was so easy and we even saved because they have special rates for online customers. We picked up the keys at the counter in the airport terminal ...

Tipp

Das Wort "old-timer" bezeichnet im Englischen einen "alten Hasen" oder einen älteren Menschen. Alte Autos sind entweder "vintage cars" (Bj. 1920–30) oder "veteran cars" (Bj. vor 1920).

25. Städte und Länder

Es macht immer wieder Spaß, gemeinsame Vorlieben für Städte oder Länder zu entdecken. Und schnell ist man beim Thema Urlaub und erzählt seine Erlebnisse.

Woher kommen Sie?
Where do you come from?

Ich bin New Yorker, dort geboren und aufgewachsen, auf Long Island, um genau zu sein.
I'm originally a born and bred New Yorker – Long Island to be more exact.

Ich bin aus Connecticut. Jetzt ein nach Georgia verpflanzter Yankee.
I am from Connecticut. Now a transplanted yankee in Georgia.

Wie gefällt es Ihnen hier?
How do you like it here?

Oh, da stimme ich Ihnen zu, es ist eine ganz bezaubernde Stadt, und die Menschen sind außergewöhnlich freundlich.
Oh yes, I agree with you – it's a very charming city and the people are extremely friendly.

Was ist ein typisches Gericht Ihrer Heimat?
What is a typical dish in your country?

Ich war noch nie in Wales, wollte es aber immer. Bitte erzählen Sie mir mehr darüber.
I've never been to Wales, but I've always wanted to go. Please tell me more.

Ich glaube, die Fuchsjagd ist in England ebenso beliebt wie in Spanien der Stierkampf – und genauso umstritten.
I think foxhunts are as popular in Britain as bullfights are in Spain – and just as contentious.

Können Sie mir ein gutes indisches/italienisches Restaurant in der Stadt empfehlen?
Could you recommend a good Indian/Italian restaurant in town?

Es ist eine tolle Stadt, aber man muss aufpassen, wo man wohnt, da der Verkehr entsetzlich ist.
It is a great city but watch out where you live as the traffic is horrible.

Tipp

Vermeiden Sie Stereotype und Vorurteile – selbst wenn sie witzig gemeint sind, werden sie nicht immer so aufgefasst und können ein Gesprächskiller sein, z. B.:
Don't: Oh, Sie sind aus Schottland – wo ist denn Ihr Kilt/Schotten sollen ja geizig sein, stimmt das?
Oh, you're from Scotland – where is your kilt/Scots are said to be avaricious, do you think that's right?
Ehrliche Anteilnahme an der fremden Kultur wird dagegen oft mit einer interessanten Antwort belohnt:
Do: Oh, Sie kommen aus Schottland, wie schön. Ich wollte schon immer einmal nach Schottland reisen. Bitte erzählen Sie mir etwas über Ihr Land und die Leute.
Oh, you're from Scotland, how nice. I've always wanted to travel to Scotland. Tell me something about your country and the people, please.

26. Wirtschaft

Wirtschaft ist ein globales Phänomen, und dank der Informationstechnologie kann man sich schnell über die Situation eines Landes informieren.

Ich denke, dass Konsumenten ihre Kreditkarten online immer noch nicht in dem Maße benutzen, wie die Händler im Internet es gerne hätten.
I believe that consumers are still not using their credit cards on the internet as much as online retailers would like.

Das derzeitige ökonomische Klima in XYZ ist viel versprechend, finden Sie nicht?
Don't you think the current economic climate in XYZ is promising?

Sind Sie begeistert vom derzeitigen Marktausblick?
Are you enthusiastic about the current market outlook?

Don't/Do

Don't: Wissen Sie, warum die wirtschaftliche Situation Ihres Landes so katastrophal ist?
Could you tell me why your country's economic situation is so disastrous?
Do: Ich habe in der Zeitung gelesen, dass die wirtschaftliche Situation Ihres Landes derzeit etwas schwierig ist?
I read in the papers that your country is currently experiencing economic troubles?

Der einzige Weg, die Wirtschaft am Laufen zu halten, ist, dass die Verbraucher ihr Geld ausgeben.
The only thing keeping the economy going at all is consumers spending their money.

Der massive Preisverfall beim Kaffee beeinflusst hauptsächlich die Produzenten.
The massive drop in coffee prices is foremost affecting the producers.

Ich denke, die derzeitige Personalknappheit im Gesundheitssektor/akademischen Bereich/in der Öl produzierenden Industrie ist ein allgemeines Problem.
I believe the actual staff shortages in the health care sector/academic field/oil-producing industry are a common problem.

XYZ-Märkte zeigten letzten Monat starke Gewinne von fast 5%. Denken Sie, dass dies anhalten wird?
XYZ markets posted strong gains of around 5% last month. Do you think this will last?

Steuern, Arbeitslosigkeit und Überalterung sind weltweite Probleme.
Taxes, unemployment, and the increase in the proportion of elderly people compared to taxpayers are worldwide problems.

Tipp

- "economic" heißt auch "sparsam"
- economics = Wirtschaftswissenschaften
- Versuchen Sie, beim Gespräch über Wirtschaft das Tabuthema Politik zu umschiffen, um Auseinandersetzungen zu vermeiden.

27. Börse

Die Börse und Aktien sind seit einigen Jahren für viele interessant. Wenn Sie auch nicht selbst Aktionär sind, mitreden kann jeder – und vielleicht schnappt man einen guten Tipp auf!

Gibt es gute Neuigkeiten von den Börsen?
Any good news from the stock markets?

Wie schätzen Sie das langfristige Potenzial von XYZ ein?
What do you think is the long term potential for xyz?

Ich denke, wir alle haben genug von der Baisse. Aber eine Baisse hat sich noch nie in eine Hausse verwandelt, nur weil Investoren das so wollten.
I believe we all have had enough of the bear market. But bear markets have never turned into bull markets simply because investors wanted it.

Haben Sie schon mal bei einem Börsenspiel mitgemacht?
Have you ever participated in a stock market game?

Don't/Do

Don't: Die eine Hälfte meines Vermögens habe ich in Aktien angelegt und die andere Million in Immobilien.
I've invested one half of my fortune in shares and the other million in real estate.
Do: Ich versuche, zweigleisig zu fahren und in Aktien und Immobilien zu investieren.
I follow a dual track policy: invest in shares and real estate.

Ich bin eher vorsichtig in finanziellen Dingen und bevorzuge traditionelle Investments.
I'm rather cautious when it comes to financial matters and prefer traditional investments.

Glauben Sie, dass wir dieses/nächstes Jahr den Turnaround sehen werden?
Do you think that we will see the turnaround this/next year?

Ich denke, der Markt wird schwach bleiben.
I think the market will remain weak.

Ich bevorzuge Rentenpapiere gegenüber Aktien.
I prefer bonds to stocks.

Was war letztes Jahr Ihre beste Anlage?
What was your best investment last year?

Ich bediene mich eines günstigen Online-Brokers wie xyz.com.
I use a cheap e-broker like xyz.com.

Mein Motto ist: "The trend is your friend."
My motto is: "The trend is your friend."

Ich kann mir nicht vorstellen, dass die XYZ-Company mit neuer Führung und neuen Sponsoren ...
I can't imagine the XYZ Company with its new leadership and sponsorship ...

Tipp

- Geld bzw. bestimmte Summen, Preise etc. sind keine Themen, die sich zum Smalltalk eignen. Bleiben Sie unbestimmt: "quite a bit, some money, a certain amount".
- stocks (AE), shares (BE) = Aktien
- stockholder (AE), shareholder (BE) = Aktionär/in

28. Computer und Internet

Fast jeder hat heutzutage einen Computer oder nutzt ihn beruflich. Wörter wie Internet, Software oder Server sind inzwischen Allgemeingut.

Computer

Ich habe mir gestern einen PC mit DVD-Brenner gekauft.
I bought a PC with a DVD writer yesterday.

Sie erwähnten gerade die neue Firewall XYZ. Können Sie mir bitte noch mehr darüber erzählen?
You just mentioned the new Firewall XYZ. Could you tell me more?

Ich benutze meinen Computer zu Hause nur, um E-Mails zu schreiben.
I use my computer at home for writing e-mails only.

Ich bin absolut hilflos, was Computer angeht.
I'm totally lost when it comes to computers.

Internet

Ich habe den XComputer Newsletter abonniert, sodass ich auf dem Laufenden bleibe bezüglich Neuheiten und Trends.
I signed up for the XComputer newsletter so I can keep up with the latest news and trends.

Ich halte Online-Wörterbücher für sehr viel bequemer und schneller als jedes herkömmliche Wörterbuch.
For me, online dictionaries are much more convenient than any hard copy – and faster.

Eine große Linksammlung zum Thema Online-Magazine gibt es unter www.xyz.
A huge collection of links to webzines can be found under www.xyz.

Heute kann man alles online kaufen, sogar Autos.
Today you can buy anything online – even cars.

Cyber-Shopping mag bequem sein, aber wie sieht es mit Kreditkartenbetrug im Internet aus?
Cyber shopping might be convenient but what about credit card fraud on the internet?

Haben Sie schon mal bei eBay auf einen Artikel geboten? Das macht Spaß.
Have you ever bid on an item on eBay? That's so much fun.

Kostenlose Graphik-Software kann man unter www.xyz finden und herunterladen.
Free graphics software can be downloaded from www.xyz.

Sie können mir eine E-Mail an meine Privatadresse schicken. Die Adresse ist ...
You could email me privately. The address is ...

Manchmal verschicke ich lieber einen normalen Brief, weil es professioneller ist und er nicht durch einen Tastendruck gelöscht werden kann.
I sometimes prefer to send a hard copy of a letter. It's more professional plus it can't be deleted in one keystroke.

Tipp

- on the internet = im Internet
- webzine/e-zine = Online-Magazin
- Buchstabieren einer Internetadresse:
  www.leo.org/ = /dablju:/ /dablju:/ /dablju:/ dot /el/ /i:/ /oh/ dot /oh/ /a:/ /dschi:/ slash

29. Betriebsbesichtigung

Betriebsbesichtigungen sind entweder spannend oder reine Pflichtübung. Vielleicht haben Sie Lust, Fragen zu stellen, um das Ganze interessanter zu machen, oder Sie möchten sich für die Führung bedanken.

Wo beginnen wir unseren Gang über das Fabrikgelände?
Where do we start our walk around the factory site?

Wollen wir nach dem offiziellen Teil zusammen Mittag essen?
Should we have lunch together after the official part?

Dies ist mein erster Besuch bei XYZ und ich bin begeistert.
This is my first visit to XYZ and I'm enjoying it very much.

Haben Sie Lust auf einen Kaffee nachher?
Would you like a cup of coffee afterwards?

Es ist äußerst interessant, Ihre Firma/Fabrik mit eigenen Augen zu sehen.
It's most interesting to visit your firm/factory in person.

Wir freuen uns sehr über die Gelegenheit, mehr über Ihr berühmtes Produkt und seine Herstellung zu erfahren.
We very much appreciate the chance to learn more about your renowned product and its production.

Was für ein schöner Ort zum Arbeiten – ist das Arbeitsklima genauso angenehm?
What a beautiful place to work. Is the working atmosphere just as nice?

Was für beeindruckende Gebäude!
Those buildings are impressive!

Sicherlich ist es ein Vergnügen, für solch ein modernes/gut ausgestattetes/etabliertes Unternehmen zu arbeiten.
Surely it must be a pleasure to work for such a modern/well equipped/well established firm?

Wie viele Menschen arbeiten hier?
How many people work here?

Seit wann arbeiten Sie für das Unternehmen?
How long have you been with the company?

Vielen Dank für Ihre Zeit und die interessanten Details, die Sie uns/mir mitgeteilt haben.
Thank you very much for your time and the interesting details you have provided for us/me.

Es ist interessant zu sehen, wie Sie in den jeweiligen Abteilungen arbeiten.
It's interesting to learn how you work in the particular departments.

Haben wir auch Gelegenheit, die Gebäude/Cafeteria/Kantine zu sehen?
Will we have the chance to see the buildings/cafeteria/canteen?

Tipp

- factory visit = Fabrikbesichtigung
- Achten Sie beim Gespräch auf Ihre Körpersprache, die oft beredter ist, als einem lieb ist. Generell gilt, dass wiederholter Augenkontakt (ca. fünf bis sieben Sekunden), eine entspannte frontale Haltung, Lächeln und Nicken sehr positiv und sympathisch wirken.

30. Betriebsfest

Betriebsfeste bieten die Möglichkeit, sich mit Kollegen einmal in einem anderen Rahmen zu unterhalten. Oft entstehen so neue Kontakte oder Ideen.

Haben Sie an der letzten Firmen-Cocktailparty teilgenommen?
Did you take part in the last corporate cocktail party?

Die Band ist wirklich toll! Sie machen das wirklich gut.
This (dance) band is really great! They're doing a good job.

Man muss die Feste feiern, wie sie fallen.
You have to enjoy yourself while you can.

Feiert Ihre Firma den 4. Juli?
Does your company celebrate the 4th of July?

Wir hatten neulich eine Weihnachtsfeier in unserer Abteilung – jeder hat Erfrischungen und etwas zu essen mitgebracht.
We had a holiday party the other day in our department – everyone brought liquid refreshments and an appetizer.

Letzten Sommer haben wir das 50-jährige Firmenjubiläum mit einem Picknick und Grillfest gefeiert.
Last summer we celebrated the company's 50th anniversary with a picnic and barbecue (oft abgekürzt zu Bar-B-Q oder BBQ).

Unser alljährlicher Betriebsausflug findet am 21. Juli statt. Das letzte Mal …
We hold our annual staff outing on July 21st. The last time …

Letzten Monat feierte das Unternehmen die 10-jährige Betriebstreue des Vizepräsidenten mit einer Leckerei: Es wurden Gourmet-Lunchpakete für alle ausgegeben.
The company celebrated the vice president's 10 years of service with the company last month with a treat for everyone: they handed out gourmet box lunches.

Diese Horsd'œuvres sind ausgezeichnet. Wissen Sie den Namen des Catering-Unternehmens?
These hors d'œuvres are excellent. Do you know the name of the catering company?

Ich habe von einer Firma gehört, die zum Schluss der Feier Fahrer, Taxis und andere Transportmittel bereitgestellt hat, um sicherzustellen, dass jeder sicher nach Hause kommt.
I heard of a company, which had designated drivers, taxis and other vehicles available at the end of the party to make sure everybody got home safely.

Es gibt kaum etwas Motivierenderes, als gemeinsam zu feiern.
There's hardly anything more motivating than celebrating together.

Das ist eine tolle Party. Sie und Ihre Kollegen wissen, wie man feiert.
This is a great party. You and your colleagues sure know how to have a party.

Tipp

Übermäßiger Alkoholkonsum auf nordamerikanischen Betriebsfesten ist kein Kavaliersdelikt. Wenn sich jemand als "designated driver" bezeichnet, bedeutet es, dass er keinen Alkohol trinken darf, da er sich als Fahrer für seine Begleiter verpflichtet hat.

31. Tischreden

Aller Anfang ist schwer, und das gilt besonders bei Tischreden. Jeder möchte essen und trinken, deshalb finden Sie hier auch Toasts für die ganz Schnellen.

Es ist ein großes Vergnügen, mit Ihnen ein Glas Sekt zu trinken, und ich möchte meiner Dankbarkeit für Ihre harte Arbeit Ausdruck verleihen.
It's a great pleasure to be enjoying a glass of champagne with you and I'd like to express my gratitude for your hard work.

Die letzten beiden Tage waren sehr anstrengend, aber wie Sir Theodore Martin einmal gesagt hat: "Arbeit ist das wahre Elixier des Lebens, der geschäftigste Mann ist der glücklichste ..."
The last two days have been strenuous but as Sir Theodore Martin once put it: "Work is the true elixir of life, the busiest man is the happiest man ..."

Auf unsere Besucher aus Japan.
Here's to our visitors from Japan.

Lassen Sie uns zu Ehren unserer Gäste trinken/unsere Gläser erheben ...
Let us drink/raise our glasses to honour our guests ...

Ich bin gebeten worden, ein paar Worte zu Ehren unseres Vizevorsitzenden Michael McConnor zu sagen, der ...
I've been asked to say a few words in honour of our vice chairman Michael McConnor who has been ...

Sehr geehrter XYZ, danke, dass Sie tatkräftig mitgeholfen haben, dieses Projekt zu solch großem Erfolg zu führen.
Dear XYZ: thanks so much for helping to make this project such a big success.

Lassen Sie mich Ihnen dafür danken, dass Sie ein so wichtiger Teil unseres Teams sind, für Ihre Extra-Anstrengungen und harte Arbeit. Ohne Sie hätten wir es nicht schaffen können. Zum Wohl!
Let me thank you for being such an important part of our team and for your extra effort and hard work. We couldn't have done it without you. Cheers!

Vielen Dank für Ihren Beitrag/Ihre Teilnahme/Ihre Zeit/Ihre Anstrengung ...
Thank you very much for contributing to/participating in/taking the time to/your effort to ...

Im Namen von XYZ ist es mir ein Vergnügen, Ihnen heute meine ehrliche Wertschätzung für das, was ich unermüdliche Unterstützung nenne, auszudrücken ...
On behalf of XYZ it is my pleasure tonight to express our heartfelt appreciation for what I'd like to call unfailing support ...

Ich fühle mich sehr geehrt, dass man mich gebeten hat, hier ein paar Worte zu sagen. Aber, liebe Freunde/Kollegen, wie weise Leute wissen – und wir alle auch – in der Kürze liegt die Würze, lassen Sie uns einfach das Glas erheben und auf ... trinken.
I'm very honoured to have been asked to say a few words at this occasion. But, dear friends/colleagues, as wise people – and we all – know: Brevity is the soul of wit – let's just raise our glasses and drink to ...

Tipp

- Getoastet wird im Englischen immer mit "to" (auf): "Auf Dich/unseren Erfolg!" = "To you/our success!"
- to propose a toast to = einen Toast ausbringen auf

32. Begrüßungs- und Abschiedsworte

Die ersten Worte sind besonders wichtig. Ein freundliches Willkommen oder Dankeschön wird trotz aller kulturellen Unterschiede nicht missverstanden.

Begrüßung

Ich freue mich sehr, dass Sie heute hierher kommen konnten.
I am very happy that you were able to come today.

Es ist mir eine große Freude, Sie hier begrüßen zu dürfen.
It's a great pleasure to have you here.

Im Namen des Vorstandes ist es mir ein Vergnügen, Sie heute hier begrüßen zu dürfen.
On behalf of the board of directors it's my pleasure today to welcome you.

Ich freue mich, Sie in Hamburg begrüßen zu dürfen, und heiße Sie zur ersten FSH-Konferenz willkommen.
I am pleased to welcome you to Hamburg, to the first FSH conference.

Sehr geehrte Damen und Herren, es ist mir ein großes Vergnügen, Sie alle hier in Leipzig zu unserem alljährlichen Treffen begrüßen zu dürfen.
Ladies and gentlemen, it gives me great pleasure to welcome you all here to Leipzig, to our annual meeting.

Verabschiedung

Wir sind/Ich bin sehr dankbar, dass Sie uns ein wenig Ihrer kostbaren Zeit opfern konnten.
We're/I'm very grateful that you were able to give us some of your valuable time.

Wir fühlen uns sehr geehrt, dass Sie gewillt waren, uns mit der Präsentation/dem Seminar zu helfen.
We are honoured that you were willing to help us with the presentation/seminar.

Meine Damen und Herren, die Zeit rennt, und leider ist unser Treffen schon wieder fast vorüber.
Ladies and gentlemen, time flies, and unfortunately our meeting is almost over.

Ich bedanke mich sehr für das herzliche Willkommen und die äußerst interessante Zeit, die wir zusammen verbracht haben.
Thank you very much for the warm welcome and the most interesting time we've spent together.

Wir freuen uns schon heute auf den nächsten Besuch Ihrer Delegation.
We're already looking forward to the next visit of your delegation.

Vielen Dank, dass Sie an unserem Symposium teilgenommen und den Aufwand auf sich genommen haben, hierher zu reisen.
Thank you very much for attending our symposium and having taken on the effort to come to our country.

Tipp

- Die Anrede wird ohne "dear", "my" oder Ähnliches verwendet. Sagen Sie einfach "Ladies and gentlemen", "Chairman", "Guests" etc.
- Gerade beim Dankeschön im Rahmen einer Verabschiedung sollten Sie ruhig mal zum Superlativ greifen wie "most interesting" (äußerst interessant). Achten Sie auf andere Formen der Steigerung wie: good – better – the best, funny – funnier – the funniest.

33. Einleitende Worte zum Vortrag

Einleitende Worte bereiten auf den Vortrag vor. Begrüßung, Themenanriss und eventuell ein kurzes Dankeschön sind Bausteine, aus denen gute Einleitungen gemacht sind.

Guten Abend, meine Damen und Herren. Herr Hatton, ich danke Ihnen für das herzliche Willkommen. Es ist mir eine große Freude, heute bei Ihnen zu sein und über ein Thema zu sprechen, das ...
Good evening, ladies and gentlemen. Thank you, Mr. Hatton, for your warm welcome. It is my pleasure to be here with you today and to talk about a subject that is ...

Ich freue mich sehr, dass ich heute über ein Thema sprechen darf, das mir sehr am Herzen liegt: XYZ.
I am very pleased to be able today to talk about my favourite subject: xyz.

Ich möchte heute über ... sprechen.
Today I'd like to talk about ...

Guten Tag, meine Damen und Herren, es ist mir eine ganz besondere Freude, heute bei Ihnen zu sein, und ich bin sicher, dass wir ein/e ebenso informative/s wie produktive/s Podiumsdiskussion/Treffen haben werden ...
Good afternoon, ladies and gentlemen, I am especially pleased to be here and am sure that we are going to have an informative as well as productive panel discussion/meeting ...

Verehrte Gäste, meine Damen und Herren, guten Morgen und herzlich willkommen zum alljährlichen XYZ-Treffen.
Invited guests, ladies and gentlemen, good morning, and welcome to the annual XYZ meeting.

Verehrter Vorsitzender, meine Damen und Herren, ich möchte mich beim Vorstand/bei den Organisatoren dieses Treffens sehr herzlich für die Einladung bedanken ...
Chairman, ladies and gentlemen, I would like to express my sincere gratitude to the board of directors/organizers of this meeting for inviting me ...

Guten Tag, sehr verehrte Damen und Herren. Danke, dass Sie uns so herzlich willkommen heißen. Wir bedanken uns sehr herzlich bei dem Gastgeber des Workshops – der amerikanischen XYZ Company.
Ladies and gentlemen, good afternoon. Thank you for the kind welcome. We are most/very grateful to the American XYZ Company for hosting this workshop.

Ich fühle mich sehr geehrt und bedanke mich bei Ihnen, dass ich anlässlich dieser ganz besonderen Gelegenheit, dem 35. Jubiläum des XYZ-Komitees, zu Ihnen sprechen darf.
Thank you for the honour to be able to speak to you on this very special occasion – the 35th anniversary of the XYZ Committee.

Sehr geehrte Damen und Herren, vielen Dank, dass Sie mich als Referenten/Vortragenden eingeladen haben. Viele Reden beginnen mit einem Witz, aber ...
Ladies and gentlemen, thank you for including me in your list of speakers. Most speeches begin with a joke, but ...

Tipp

- Erwähnen Sie den Namen des Ehrengastes (guest of honour) ruhig mehrfach: Er/Sie fühlt sich geschmeichelt, und die anderen können sich den Namen leichter merken.
- on this day/occasion = an diesem Tag/zu dieser Gelegenheit

34. Pause zwischen zwei Vorträgen

Zwischen zwei Vorträgen trifft man sich bei Erfrischungen. Eine gute Gelegenheit, ins Gespräch zu kommen und die behandelten Themen aufzugreifen.

Aus welchem Grund nehmen Sie an dieser Konferenz teil?
Why did you come to this conference?

Was hat Sie heute hierher geführt?
What brought you here today?

Nehmen Sie heute Abend am Konferenzdinner teil?
Will you be attending the conference dinner tonight?

Gehen Sie zum XYZ Clubtreffen?
Are you going to the XYZ Club meeting?

Wissen Sie zufällig, wann der nächste Vortrag/die Nachmittagssitzung beginnt?
Do you happen to know when the next talk/afternoon session is scheduled?

Wissen Sie vielleicht, wo ich etwas zu trinken bekommen kann?
Do you know where I could/can get something to drink?

Was mir am ersten Referenten besonders gut gefallen hat, war ...
What I especially liked about the first speaker was ...

Wer ist der nächste Vortragende?
Who's the next speaker?

Wissen Sie irgendetwas über den nächsten Referenten?
Do you know anything about the next speaker?

Letzten Monat hat sie einen sehr interessanten Vortrag über XYZ gehalten.
She gave a talk about xyz last month which was quite interesting.

Ich wusste gar nicht, dass Herr Schmidt Marketing-Experte ist.
I didn't know Mr. Schmidt was an expert on marketing.

Der zweite Referent war unglaublich sachkundig.
The second speaker was incredibly knowledgeable.

Wie haben Ihnen die Dias/Folien/digitalen Fotos gefallen?
How did you like the slides/transparencies/digital photos?

Die Akustik war furchtbar, nicht wahr?
The acoustics were awful, don't you think?

Wissen Sie, wovon der nächste Vortrag handelt/Kennen Sie den Titel des nächsten Vortrags?
Do you know what the next talk is about/the title of the next talk?

Gibt es irgendwelche Neuigkeiten betreffs des XYZ-Projekts?
Have you heard anything new regarding the XYZ project?

Was ich nicht ganz verstanden habe, war ...
What I didn't quite understand was ...

Tipp

- to give a talk/lecture = einen Vortrag halten
- Es gibt kulturelle Unterschiede, wie Kritik geübt wird: z. B. die offene Art der Russen oder die zurückhaltende britische Art. Im einen Fall sollten Sie sich den Ton nicht zu Herzen nehmen, im anderen Fall ist es wichtig, auf feine Zwischentöne zu achten.

35. Präsentation

Das Gespräch vor oder nach einer Präsentation ist ebenso wichtig wie diese und bleibt manchmal länger in Erinnerung.

Lassen Sie mich Ihnen zu Ihrer ausgezeichneten Präsentation gratulieren.
May I congratulate you on your excellent presentation.

Im Namen des XYZ bedanke ich mich für Ihre interessante Präsentation.
I'd like to thank you on behalf of XYZ for giving this most interesting presentation.

Sie haben das wirklich gut gemacht. Mir gefielen die Animationen und ...
You did a really good job. I liked the animations and ...

Das war eine tolle Präsentation, Glückwunsch!
That was a great presentation, congratulations!

Was mir besonders gut gefallen hat, war ...
What I liked particularly was ...

Die Diagramme waren erstaunlich!
Those diagrams were amazing!

Welche Software haben Sie verwendet?
What kind of software did you use?

Das auf den Schirm fallende Sonnenlicht war störend, nicht wahr?
The sunlight on the screen was annoying, wasn't it?

Wie haben Sie die Animationen in die Präsentation eingefügt?
How did you add the animations to your presentation?

Ich ziehe es vor, die Folien per Hand zu blättern und nicht automatisch. Was denken Sie?
I prefer to advance the slides manually, not automatically. What is your opinion?

Ich mag Präsentationen, bei denen das Publikum mitmachen kann.
I like presentations where the audience can participate.

Was für einen Laptop benutzen Sie?
What kind of laptop do you have?

Werden Sie Ihre Präsentation ins Internet stellen?
Will you post your presentation on the internet?

Es ist sehr wichtig, dass die Folien nicht mit Schrift überladen sind. Lesbarkeit ist das Wichtigste.
It's very important that the transparencies are not overloaded with words. Readability is the most important issue.

Diese Präsentation wurde kürzlich auf der XYZ-Konferenz gehalten, wo Herr Cahill über den Einfluss des XYZ auf ZYX sprach.
This presentation was recently given on the XYZ conference where Mr. Cahill spoke about the influence of xyz on zyx.

Tipp

- Unter www.ku.edu/cwis/units/coms2/vpa/vpa.htm gibt der "Virtual Presentation Assistant" Online-Hilfe beim Erstellen einer Präsentation.
- Man greift einzelne Punkte der Präsentation wieder auf oder erkundigt sich nach einer zukünftigen Entwicklung mit "Tell me more about your future work/the expected development."
- slides = Folien (in PC-Präsentatiosprogrammen); transparency = Folie (Overhead-Projektor)

36. Messe

Auf Recruiting- oder anderen Messen hat man die Möglichkeit, mit Fachleuten zu sprechen und Kontakte zu knüpfen. Schnell kann sich hier ein interessantes Gespräch entspinnen.

Als Arbeitsuchender

Sind Sie Mitglied dieser Organisation/Firma?
Are you a member of this organisation/firm?

Ich würde gern mit jemandem sprechen, der Erfahrung hat in/mit ...
I'd like to talk to someone with experience in ...

Hallo, ich bin Marc Huber. Dies ist meine erste Recruiting-Messe. Können Sie mir bei/mit ... helfen?
Hi, I'm Marc Huber, this is my first recruiting fair. Could you help me with ...

Kann mir einer von Ihnen mit einer einfachen Frage zu ... helfen?
I am wondering if anyone can help me with a simple question about ...

Don't/Do

Don't: Ich bin Call Center Agent und zurzeit arbeitslos.
I'm a currently unemployed call center agent.
Do: Wie ich gehört habe, suchen Sie Call Center Agenten.
I understand that you have vacancies for call center agents.

Welche Qualifikationen sind notwendig/Voraussetzung für den Job/die Stelle?
What qualifications are needed/required for the job?

Sie sind auf XYZ spezialisiert. Sind Sie möglicherweise auch an ZYX interessiert?
I understand you're specializing in xyz. Are you possibly interested in zyx as well?

Ihre Firma ist in Zürich ansässig?
Your company is based in Zurich?

Als Firmenvertreter

Wir sind der weltgrößte Hersteller von Teddybären und suchen nach einem Kleinteile-Zulieferer, der unserem Standard entspricht.
We're the world's largest manufacturer of teddy bears and are looking for a small parts vendor who is up to our standards.

Wie sind Sie zum Unterrichten/ins Marketing gekommen?
How did you get into teaching/marketing?

Was ich für sehr wichtig halte, ist, dass Firmenvertreter und Studenten/Berufsanfänger sich persönlich in einem informellen Rahmen treffen können, wo Fragen beantwortet werden und über ... gesprochen werden kann.
I believe it is very important that representatives and students/young professionals are able to meet individually in an informal setting, answer questions and talk about ...

Tipp

- Eine elegante Umschreibung des prosaischen "unemployed/out of work" (arbeitslos) ist "between jobs".
- to seek a job = Arbeit suchen

37. Restaurantbesuch

Wer auf Geschäftsreise ist, geht häufig mit den Gastgebern zum Essen aus. Nutzen Sie die entspannte Atmosphäre für gekonnten Smalltalk über (Lieblings-)Gerichte oder Restaurants.

Dieses japanische Restaurant ist uns von einem unserer japanischen Mitarbeiter empfohlen worden.
This Japanese restaurant was recommended by one of our Japanese co-workers.

Können Sie mir vielleicht sagen, welche Getränke zu chinesischem Essen passen?
Do you happen to know any appropriate drinks with Chinese food?

Ich liebe scharfes mexikanisches Essen. Und Sie?
I love hot/spicy Mexican food, what about you?

Was mir am besten an der französischen Küche gefällt, sind die Namen der Gerichte, die einem schon den Mund wässrig machen.
What I like most about French cuisine are the mouthwatering names of the dishes.

Don't/Do

Don't: Ich esse nichts Unbekanntes.
I'm not a foodie, I'm afraid.
Do: Ich bin sehr vorsichtig mit unbekanntem Essen, da ich einen empfindlichen Magen habe.
I'm very cautious when it comes to foreign food as my stomach is easily upset.

Ich habe gehört, dass die japanische/indische/griechische Küche sehr gesund sein soll.
I heard that Japanese/Indian/Greek food is supposed to be healthy.

Die Speisekarte ist umfangreich. Was empfehlen Sie?
This menu is extensive. What would you recommend?

Was nehmen Sie als Hauptgericht?
What are you having for the main course?

Man kann nur zwischen zwei vegetarischen Gerichten wählen.
You can choose between two vegetarian dishes only.

Das sieht ja lecker aus. Was haben Sie bestellt?
That looks delicious, what did you order?

Nehmen Sie ein/e Vorspeise/Dessert?
Are you having a starter/dessert?

Dieses Restaurant hat eine große Auswahl an Single-Malt-Whiskys.
They have a wide selection of single malt whisky in this restaurant.

Tipp

- Gerichte können mit folgenden Adjektiven beschrieben werden: delicious (köstlich), fatty (fettreich), spicy (pikant), hot (scharf), rich (gehaltvoll, schwer), wholesome (gesund, bekömmlich).
- bell pepper (AE), pepper (BE) = Paprikaschote; pepperoni (AE) = Salami
- zucchini (squash) (AE), courgette (BE) = Zucchini
- starter/hors d'oeuvre (Vorspeise), main course (Hauptgericht), dessert (Nachtisch)

38. Abendessen zu Hause

Manchmal hat man das Vergnügen, zu jemandem nach Hause eingeladen zu werden. Wie Sie nett ins Gespräch kommen, lesen Sie hier.

Als Gastgeber

Herzlich willkommen! Kommen Sie herein.
Welcome, come on in.

Bitte, nehmen Sie Platz.
Please, sit down.

Fühlen Sie sich ganz wie zu Hause.
Make your self at home/comfortable.

Darf ich Ihnen etwas zu trinken anbieten?
Can/May I offer you a drink?

Nehmen Sie noch.
Help yourself to some more.

Möchten Sie noch Wein/Bier?
Would you like another glass of wine/beer?

Darf ich Ihnen in den Mantel helfen?
May I help you with your coat?

Als Gast

Danke. Sind wir zu früh/spät?
Thanks. Are we too early/late?

Ich bin kein Weinkenner, aber dieser scheint ein edler Tropfen zu sein.
I'm not knowledgeable about wine, but this seems to be a fine one.

Was ist ein landestypisches Gericht bei Ihnen?/Ist dies ein landestypisches Gericht?
What is/Is this a typical dish for your country?

Würden Sie mir das Rezept von diesem Gericht geben? Es ist exzellent.
Could I possibly have the recipe for this dish – it's superb.

Reichen Sie mir bitte die Butter/das Brot.
Could you pass the butter/bread, please?

Ich habe viel über Ihren Truthahn gehört, aber die Wahrheit ist: Er ist noch viel besser.
I've heard a lot about your turkey, but the truth is: it's even better.

Haben Sie immer schon in New York gewohnt?
Have you always lived in New York?

Könnte ich noch ein bisschen Wasser bekommen?
Could I have some more water, please?

Tipp

- Wenn Sie nicht mehr nachnehmen möchten, weil Sie satt sind oder es Ihnen nicht schmeckt, können Sie mit "No, thank you, I'm good/fine." ("Nein danke, ich möchte nicht mehr.") oder "I'm full/I've had enough." ("Ich bin satt.") ablehnen.
- Wenn Sie ein Gericht/Getränk nicht vertragen, lehnen Sie ruhig ab und bitten um etwas anderes: "Alcohol/Coffee disagrees with me. I'd rather have a glass of water, please." ("Ich vertrage keinen Alkohol/Kaffee. Ich möchte bitte lieber ein Glas Wasser.")

39. Vernissage

Eine Vernissage bietet viele Gelegenheiten zum Smalltalk, und das Einstiegsthema liegt auf der Hand: Kunst im Allgemeinen und der/die Künstler/in.

Kennen Sie den Künstler persönlich?
Do you know the artist?

Sind sie geschäftlich oder zum Vergnügen hier?
Are you here on business or pleasure?

Ich war schon bei einigen Vernissagen zeitgenössischer Künstler, aber diese hier ist herausragend.
I've been to several private viewings of contemporary artists' exhibitions but this one is rather outstanding.

Was war die allererste Ausstellung, die Sie besucht haben?
What was the very first exhibition you went to?

Nach der aktuellen Ausstellung zeigt das Museum eine Middleton-Ausstellung.
After the current exhibition the museum is going to put on an F. S. Middleton exhibition.

Ich glaube, die Künstlerin ist Mitglied des Texen Centre of Contemporary Art.
I think the artist is a member of the Texen Centre of Contemporary Art.

Wissen Sie zufällig, wo sie/er geboren/ausgebildet wurde?
Do you happen to know where she/he was born/educated?

Ich denke, der Künstler war Schüler des Bildhauers/Malers M. T. Werner.

I believe the artist became a pupil of the sculptor/painter M. T. Werner.

Diese Zeichnungen/Skizzen erinnern mich an frühe Werke von Picasso.
Those drawings/sketches remind me of the early works of Picasso.

Ich finde, die Bilder vermitteln den Eindruck eines glücklichen/einsamen Künstlers.
I believe the paintings convey the impression of a happy/lonely artist.

Jedes Mal, wenn ich auf einer Stehparty bin, wünsche ich mir drei Hände: eine für das Glas, eine für den Teller und die dritte zum Essen.
Every time I'm invited to a stand-up reception I wish I had three hands – one for my glass, one for the plate and one for eating.

Das Bufett ist voll mit Leckereien – kann ich Ihnen etwas mitbringen?
The buffet is loaded with delicacies – could I get you something?

Was halten Sie davon, wenn wir uns am Bufett erfrischen?
What do you think about refreshing ourselves at the buffet?

Tipp

- painting = Gemälde, drawing = Zeichnung
- Achten Sie auf den richtigen körperlichen Abstand zu Ihrem Gesprächspartner, der je nach Vertrautheitsgrad und Kulturkreis unterschiedlich wahrgenommen wird. Als Daumenregel kann gelten: 1 m bis 2 m sind ein optimaler Abstand, bei dem sich niemand bedrängt oder außen vor fühlt.

40. Theater-/ Konzertpause

Selbst im Theater oder Konzert ist man nicht vor Smalltalk sicher – die Pause will im lockeren Gespräch verbracht werden, ob mit oder ohne ein Glas Sekt.

Wie fanden/finden Sie die Vorstellung/Tänzer/den Dirigenten?
What did/do you think of the performance/dancers/conductor?

Würden Sie den Platz mit mir tauschen? Mit meinen langen Beinen habe ich immer Probleme.
Would you mind switching seats with me? I always have problems with my long legs.

Ich freue mich so, dieses Stück zu sehen. Ich bin seit langem Shakespeare-Fan/Fan dieses Schauspielers.
I'm so excited to see this play. I've been a fan of Shakespeare/this actor for a long time.

Ich habe in der Zeitung gelesen, dass das Stück ein Riesenerfolg in den Niederlanden war.
I read in the papers that the play was a big success in the Netherlands.

Die Dekoration/Das Bühnenbild ist sehr dramatisch.
The set/stage decoration is very dramatic.

Dieses Drama/Schauspiel ist eines meiner Lieblingsstücke von ...
This drama/play is one of my favourites by ...

Denken Sie nur, der Hauptdarsteller hat fünf Kostümwechsel ...
Imagine, the leading man has five costume changes ...

Mir hat besonders der Teil gefallen, in dem ...
I especially enjoyed that part in which ...

Wissen Sie, wie lang die Pause ist? Ist dies die einzige vorgesehene Pause?
Do you know how long the interval is? Is this the only scheduled interval?

Haben wir Zeit für eine schnelle Erfrischung?
Do we have time for a quick drink?

Wissen Sie etwas über den nächsten Solisten?
Do you know anything about the next soloist?

Haben Sie schon andere Musicals gesehen?
Have you seen other musicals?

Spielen Sie selbst auch ein Instrument?
Do you play an instrument yourself?

Entschuldigen Sie bitte, darf ich mir kurz Ihr Programm ausleihen?
Excuse me, may I borrow your programme for a second/moment?

Vor einigen Jahren habe ich P. Harris in Hamburg spielen gehört. Er wurde von S. Sullivan am Klavier/Saxophon begleitet. Ich weiß nicht, wer mehr Spaß gehabt hat, das Publikum oder die beiden.
A couple of years ago, I heard P. Harris play in Hamburg. He was accompanied on the piano/saxophone by S. Sullivan. I don't know who enjoyed it more, the audience or the two performers.

Tipp

- intermission (AE), interval (BE) = Pause
- "For a second" kann man auch (informeller) zu "for a sec" abkürzen.

41. Flugzeug, Bus und Bahn

Wer auf Reisen nebeneinander sitzt, kommt meist nicht umhin, ein paar Worte miteinander zu wechseln. Machen Sie ein nettes Gespräch daraus und knüpfen Sie Kontakte!

Es ist kalt draußen/hier drinnen, nicht wahr?
It's cold outside/in here, isn't it?

Stört es Sie, wenn ich das Fenster/die Vorhänge schließe?
Would you mind if I close the window/draw the curtain?

Entschuldigung, ist das Ihre Zeitschrift/Jacke?
Excuse me, is this your magazine/coat?

Ich habe fast den Bus/Zug verpasst. Es war so viel Verkehr …
I almost missed the bus/train. The traffic was so heavy …

Wissen Sie zufällig unsere Ankunftszeit? Ich hatte keine Zeit nachzuschauen.
Do you happen to know our time of arrival? I didn't have the time to check.

Wie spät ist es jetzt am Zielort?
What time is it at our destination now?

Waren Sie schon einmal in XYZ zu dieser Jahreszeit?
Have you ever been to XYZ at this time of year?

Wie ist das Wetter in Manchester?
What's the weather supposed to be in Manchester?

Es muss irgendein Naturgesetz sein, dass es in Zügen/Bussen/Flugzeugen immer zieht.
It must be some kind of law of nature that trains/buses/planes are always draughty (BE)/drafty (AE).

Seid Ihr aus Vancouver?
Are you guys from Vancouver?

Sind Sie beruflich unterwegs?
Are you travelling on business?

Würden Sie bitte meine Tasche auf die Gepäckablage legen?
Would you mind putting my bag on the luggage rack?

Wissen Sie, warum die Luft in diesen Zügen/Bussen/Flugzeugen immer so trocken/kalt ist?
Do you know why the air in these trains/buses/planes is always so dry/cold?

Wie schnell sind wir?
How fast are we travelling?

Dieser/s Wein/Champagner/Bier ist hervorragend. Was nehmen Sie?
This wine/champagne/beer is excellent. What are you having?

Ich bin froh, drinnen zu sein – es regnet in Strömen!
It's good to be indoors – it's pouring!

Stört Sie meine Tasche?
Is my bag bothering you?

Tipp

- baggage rack (AE), luggage rack (BE) = Gepäckablage
- to travel light = mit wenig Gepäck reisen
- "to travel about" oder "to travel around" = herumreisen
- to be a poor traveller = das Reisen nicht gut vertragen

42. Smalltalk mit Bekannten

Auch wenn man einander schon einmal vorgestellt worden ist, kann der Wiedereinstieg ins Gespräch schwierig sein, weil man z.B. den Namen vergessen hat.

Wie geht es Ihnen, Peter?
How are you, Peter?

Hallo Joe, wie geht's Denise/Ihrem Bruder/Ihrer Katze?
Hi Joe, how is Denise/your brother/cat doing?

Carol, schön Sie zu sehen. Sie sehen toll aus!
Carol, good to see you. You look great!

Hallo David, wir haben uns eine Ewigkeit nicht gesehen.
Hello David, I haven't seen you for ages.

Du bist also zurück! Wie war der Urlaub/die Konferenz?
So you are back, how was your holiday/conference?

Hallo Paul, haben Sie mir die Bilder geschickt, über die wir neulich gesprochen haben? Ich konnte meine E-Mails wegen großer Renovierungs- und Umzugsarbeiten in letzter Zeit nicht abrufen.
Hi Paul, did you send me those pics we were talking about the other day? I've been really tied up with major home renovation and relocation activities, so I am way behind on checking my e-mails.

Hallo, ich bin Carol, wir haben uns letzte Woche bei Steve kennen gelernt.
Hi, I'm Carol, we met at Steve's last week.

Wir kennen uns, oder? Ihr Name war ...
We have met, haven't we? Your name was ...

Es tut mir Leid, aber ich habe Ihren Namen vergessen.
I'm sorry, but I've forgotten your name.

Erinnern Sie sich an mich? Mein Name ist Greg O'Connor. Wir haben uns letzten November auf der Hauptversammlung von XYZ kennen gelernt ...
Do you remember me? My name is Greg, Greg O'Connor. We met at the XYZ's shareholder meeting last November ...

Ich weiß nicht, ob Sie sich an mich erinnern, aber Sie sind Susan, oder?
I don't know whether you remember me or not, but you're Susan, right?

Ich entsinne mich, dass wir uns auf der FHH-Konferenz getroffen haben und über XYZ gesprochen haben.
I remember meeting you at the FHH conference, and we talked about xyz.

Ich musste an Sie denken, als ich gelesen/gehört habe, dass ...
I thought of you when I read/heard ...

Guten Tag, ich habe an unser letztes Treffen denken müssen, als ich gestern einen Artikel über XYZ las.
Hello there, I thought of our last meeting when I was reading an article about xyz yesterday.

Tipp

- pics/pix = Kurzform von "pictures" (Bilder, Fotos)
- "How you been?" informell für "How have you been?" ("Wie geht's? Wie läuft's denn so?")

43. Redewendungen

Redewendungen sind ein wichtiger Bestandteil jeder Sprache. Ihr Gebrauch zeugt von guter Sprachbeherrschung. Gezielt eingesetzt machen sie die Rede lebendiger und anschaulicher.

Das war ein Kinderspiel.
That was a piece of cake.

Einen guten XYZ zu finden ist so schwierig, wie eine Nadel im Heuhaufen.
Searching for a good xyz is like looking for a needle in a haystack.

Bitte fahren Sie fort, ich bin ganz Ohr.
Please tell me more, I'm all ears.

Ich habe zwei Fliegen mit einer Klappe geschlagen.
I killed two birds with one stone.

Die Situation ist unter Kontrolle.
The situation is well in hand.

Wir sollten vielleicht unter vier Augen darüber reden.
Maybe we should talk in private about that matter.

... und der Hund schoss aus dem Haus, als ob der Teufel hinter ihm her wäre.
... and the dog dashed out of the house like a bat out of hell.

Eine Hand wäscht die andere.
You scratch my back and I'll scratch yours.

Wir sind hervorragend bewirtet worden.
We were wined and dined excellently.

Ich glaube, wir sitzen beide im selben Boot – wir sind beide neu in der Stadt.
I guess you and I are in the same boat – we're both new in town.

Tausend Dank.
Thanks a million.

Entschuldigung, ich habe den Faden verloren. Was habe ich gerade gesagt?
Excuse me, I lost my train of thought. What was I talking about?

Bitte werft keine faulen Tomaten nach mir, weil ich mir dieses Projekt ausgedacht habe.
Please don't throw rotten tomatoes at me for thinking up this project.

Hallo Mary. Frohes neues Jahr! – Oh, danke gleichfalls!
Hello Mary. Happy New Year! – Thank you. The same to you!/You too!

Eile mit Weile.
More haste, less speed.

Neue Sushi-Bars schießen wie Pilze aus dem Boden.
New sushi bars are mushrooming all over the city.

Das Auto hat in letzter Zeit öfter den Besitzer gewechselt.
The car has changed hands several times recently.

Der Plan hat sich in Luft aufgelöst.
The plan went up in smoke.

Schauen Sie mal 'rein.
Drop in sometime.

Der neue Vertriebsleiter ist wirklich auf Zack.
The new sales manager is really on the ball.

44. Aphorismen und Sprichwörter

Wer gekonnt Aphorismen und Sprichwörter in seine Rede einstreut, wirkt gebildet und geistreich. Sie sind eine gute Alternative zu Witzen, mit denen man oft sehr falsch liegen kann.

Das Rauchen aufzugeben ist ganz einfach. Ich habe es schon hunderte Male gemacht.
It is easy to quit smoking; I've done it hundreds of times. (Mark Twain)

Mein Motto ist, frei nach Winston Churchill: Kein Sport, nur Champagner und Zigarren.
My motto is – freely adapted from Winston Churchill: No sports, only champagne and cigars.

Die Kunst ist erwachsen zu werden, ohne zu altern.
The trick is to grow up without getting old. (Frank Lloyd Wright)

Ich bin nicht jung genug, um alles zu wissen.
I'm not young enough to know everything. (Oscar Wilde)

Der Weg zum Haus eines Freundes ist niemals lang. (Dänisches Sprichwort)
The road to a friend's house is never long. (Danish proverb)

Ein kleiner Schritt für einen Menschen, aber ein großer Sprung für die Menschheit.
That's one small step for a man, but one giant leap for mankind. (Neil Armstrong)

Der Sieg hat viele Väter, die Niederlage aber ist eine Waise.
Victory has a hundred fathers, but defeat is an orphan. (John F. Kennedy)

Großen Geistern hat die Mittelmäßigkeit stets heftigen Widerstand entgegengebracht.
Great spirits have always encountered violent opposition from mediocre minds. (Albert Einstein)

Mit Speck fängt man Mäuse.
If the bait is tempting enough, the fish will bite.

Viele Köche verderben den Brei.
Too many cooks spoil the broth.

Wo gehobelt wird, fallen Späne.
You cannot make an omelette without breaking eggs.

Einige verursachen Freude, wohin sie auch gehen, andere, wann immer sie gehen.
Some cause happiness wherever they go, some whenever they go. (Oscar Wilde)

Schmiede das Eisen, so lange es heiß ist.
Strike while the iron is hot.

Die Stärke einer Kette misst man am schwächsten Glied.
A chain is no stronger than its weakest link.

Leichter gesagt als getan.
Easier said than done.

Wer zuerst kommt, mahlt zuerst.
The early bird catches the worm.

Schlafende Hunde soll man nicht wecken.
Let sleeping dogs lie.

Wie die Mutter, so die Tochter.
Like mother, like daughter.

45. Bücher und Web-Adressen, die weiterhelfen

Bonneau, Elisabeth: *Erfolgsfaktor Smalltalk,* Gräfe und Unzer Verlag, München
Neben den Smalltalk-Basics zeigt Ihnen dieses Buch auch, wie Sie schwierige Gesprächssituationen gekonnt meistern und mühelos Kontakte knüpfen.

Duden-Oxford Großwörterbuch Englisch. Deutsch-Englisch/ Englisch-Deutsch, Bibliographisches Institut, Mannheim
Sehr zuverlässiges Wörterbuch der Dudenredaktion und der Oxford University Press mit vielen Anwendungsbeispielen.

Kommunikationstrainer Business English. Small Talk, Audio-CD mit Begleitheft, Langenscheidt Verlag, München
Diese Audio CD bietet viele Situationen und Beispiele, die im Begleitheft vor- oder nachbereitet werden können.

Weston, Lynn/Halsall, Eleanor/Bye, Chris/Hodge, Georgina/ Williams, Helga/Browne, O'Brien: *Business English Intensivtraining,* 6 CDs und Begleitbuch, Langenscheidt Verlag, München
Britisches und amerikanisches Englisch in vielen Gesprächssituationen zum Nachsprechen.

Wokersien, Telse: *Business Englisch. Soforthilfe für Mail und Phone. Das Wichtigste auf einen Blick,* Gräfe und Unzer Verlag, München

Hinweis

Die Beiträge in diesem Buch sind sorgfältig recherchiert und entsprechen dem aktuellen Stand.
Abweichungen, beispielsweise durch seit Drucklegung geänderte Preise, Gebühren, Anlageentwicklungen, WWW-Adressen etc., sind nicht auszuschließen.
Weder Autorin noch Verlag können für eventuelle Nachteile oder Schäden, die aus den im Buch gegebenen praktischen Hinweisen resultieren, eine Haftung übernehmen.

GRÄFE UND UNZER VERLAG
Grillparzerstr. 12
81675 München

Projektleitung: Nina Pohlmann
Lektorat: Kai Gathemann
Titelfoto: Zefa
Syndication: www.jalag-syndication.de
Umschlag und Gestaltung: independent Medien-Design, Horst Moser, München
Herstellung: Maike Harmeier
Satz: Filmsatz Schröter, München
Repro: w & co Media Services, München
Druck und Bindung: Druckerei Auer, Donauwörth

ISBN 978-3-7742-5990-4

7. Auflage 2010

GRÄFE UND UNZER

Ein Unternehmen der
GANSKE VERLAGSGRUPPE

www.leo.org
Sehr umfangreiches und kostenloses Online-Wörterbuch (Zielsprache Englisch oder Deutsch); seit neuestem auch mit Aussprache- und Grammatikhilfe.

www.eslcafe.com/idioms
Hilfreiche englische Seite mit Redewendungen sowie Erklärungen und Anwendungsbeispielen.

www.quoteland.com
Suchen Sie ein Zitat zu einem bestimmten Thema oder eines bestimmten Autors für eine besondere Gelegenheit? Dann sind Sie hier richtig (mit Diskussionsforum für User).

www.englishpage.com
Alles zum Thema englische Sprache: Aufgaben, Tests, Grammatik, Vokabeln, Wörterbücher, zum Lernen oder Nachschauen.

www.peak.org/~jeremy/dictionary
Eine Fundgrube für alle, die an Unterschieden zwischen amerikanischem und britischem Englisch interessiert sind. Zusätzlich noch die jeweiligen Feiertage, Maße, Vorwahlnummern etc.

www.manythings.org/proverbs
Auf dieser kurzweiligen Seite gibt es mehr als 230 gebräuchliche englische Sprichwörter und Redensarten. Wer Spaß am Knobeln hat oder sich und sein Wissen testen möchte, kann die Sprichwörter auch als Lückentext bearbeiten.